CAMPO MINADO EM PROJETOS

55 ERROS que o gerente de projeto não pode cometer!

MAURICIO GAMBINI
PMP/PMI-ACP/CSM

CAMPO MINADO EM PROJETOS

55 ERROS que o gerente de projeto **não pode cometer!**

ALTA BOOKS
E D I T O R A
Rio de Janeiro, 2016

Campo Minado em Projetos : 55 Erros que o Gerente de Projetos Não Pode Cometer!
Copyright © 2016 da Starlin Alta Editora e Consultoria Eireli. ISBN: 978-85-7608-986-5

Todos os direitos estão reservados e protegidos por Lei. Nenhuma parte deste livro, sem autorização prévia por escrito da editora, poderá ser reproduzida ou transmitida. A violação dos Direitos Autorais é crime estabelecido na Lei nº 9.610/98 e com punição de acordo com o artigo 184 do Código Penal.

A editora não se responsabiliza pelo conteúdo da obra, formulada exclusivamente pelo(s) autor(es).

Marcas Registradas: Todos os termos mencionados e reconhecidos como Marca Registrada e/ou Comercial são de responsabilidade de seus proprietários. A editora informa não estar associada a nenhum produto e/ou fornecedor apresentado no livro.

Impresso no Brasil — 1ª Edição, 2016 - Edição revisada conforme o Acordo Ortográfico da Língua Portuguesa de 2009.

Obra disponível para venda corporativa e/ou personalizada. Para mais informações, fale com projetos@altabooks.com.br

Produção Editorial Editora Alta Books	**Gerência Editorial** Anderson Vieira	**Marketing Editorial** Silas Amaro marketing@altabooks.com.br	**Gerência de Captação e Contratação de Obras** J. A. Rugeri autoria@altabooks.com.br	**Vendas Atacado e Varejo** Daniele Fonseca Viviane Paiva comercial@altabooks.com.br
Produtor Editorial Claudia Braga Thiê Alves	**Supervisão de Qualidade Editorial** Sergio de Souza			**Ouvidoria** ouvidoria@altabooks.com.br
Produtor Editorial (Design) Aurélio Corrêa	**Assistente Editorial** Juliana de Oliveira			
Equipe Editorial	Bianca Teodoro Carolina Giannini	Christian Danniel Izabelli Carvalho	Jessica Carvalho Renan Castro	
Revisão Gramatical Priscila Gurgel	**Layout** Bianca Teodoro	**Diagramação** Luisa Maria Gomes	**Capa** Aurélio Corrêa	

Erratas e arquivos de apoio: No site da editora relatamos, com a devida correção, qualquer erro encontrado em nossos livros, bem como disponibilizamos arquivos de apoio se aplicáveis à obra em questão.

Acesse o site www.altabooks.com.br e procure pelo título do livro desejado para ter acesso às erratas, aos arquivos de apoio e/ou a outros conteúdos aplicáveis à obra.

Suporte Técnico: A obra é comercializada na forma em que está, sem direito a suporte técnico ou orientação pessoal/exclusiva ao leitor.

Dados Internacionais de Catalogação na Publicação (CIP)

G191c   Gambini, Mauricio.
    Campo minado em projetos : 55 erros que o gerente de projetos não pode cometer! / Mauricio Gambini. – Rio de Janeiro, RJ : Alta Books, 2016.
    272 p. : il. ; 24 cm.

    Inclui bibliografia e índice.
    ISBN 978-85-7608-986-5

    1. Administração de projetos. 2. Gerentes. 3. Administração de projetos - Planejamento. 4. Trabalho em equipe. 5. Administração de riscos. 6. Administração de projetos - Técnicas. I. Título.

                                CDU 658.012.2
                                CDD 658.404

Índice para catálogo sistemático:
1. Administração de projetos   658.15

(Bibliotecária responsável: Sabrina Leal Araujo – CRB 10/1507)

Rua Viúva Cláudio, 291 — Bairro Industrial do Jacaré
CEP: 20970-031 — Rio de Janeiro - RJ
Tels.: (21) 3278-8069 / 3278-8419
www.altabooks.com.br — altabooks@altabooks.com.br
www.facebook.com/altabooks

Dedicatória

Agradeço a **Deus** pela existência e pelas condições que me permitiram compartilhar este conjunto de informações.

Agradeço à minha **família** pela vida, educação, carinho e dedicação.

Agradeço à minha esposa, **Rose**, pelo amor e pelo aprendizado em relação ao sentido da vida e ao caminho para o crescimento espiritual. É um grande privilégio seguir nesta jornada ao seu lado.

SOBRE O AUTOR

Mauricio Gambini é diretor técnico da IT Solutions (www.its1.com.br) e é consultor especializado em metodologias para promover aumento de qualidade, produtividade e segurança.

Desde 1986 gerenciou projetos de diferentes naturezas incluindo reestruturação organizacional, modelo de maturidade de análise de negócio, refinamento de processos, definição/implantação de metodologias, engenharia de software, implantação de ferramentas corporativas e mudança cultural.

Palestrante, evangelizador, consultor e instrutor, é conhecido por abordar os temas de forma criativa, inovadora e com alta qualidade, apresentando conceitos complexos por meio de linguagem simples e exemplos significativos.

Ministrou treinamento para mais de 7.800 pessoas (*in-company*) com avaliação média "Excelente" e 100% de recomendação, consolidando os conhecimentos por meio de *mentoring* e *coaching*.

Tendo as certificações PMP, PMI–ACP e CSM reconhece a volatilidade do conhecimento e busca atualização contínua por meio da análise de casos e de estudo de tendências, mantendo a excelência como sua principal diretriz.

PREFÁCIO

Conforme se diz no mundo dos esportes: "**Treino é treino, jogo é jogo**".

ESTE LIVRO TRATA EXCLUSIVAMENTE DO "JOGO"!

Considero o conhecimento teórico essencial e existem vários livros que abordam o gerenciamento de projetos com esta perspectiva. O problema é que, durante a aplicação desta teoria, o gerente de projetos se depara com vários problemas que não são detalhados no mundo acadêmico e, projeto a projeto, a bagagem vai sendo formada a um preço muito alto.

É disso que se trata este livro: compartilhar, de forma pragmática, experiências relevantes em gerenciamento de projetos para reduzir a curva de aprendizado (em outras palavras, a "curva de sofrimento").

Neste livro são explorados erros do gerenciamento tradicional. No próximo, farei o mesmo com foco exclusivo no gerenciamento ágil de projetos.

As informações apresentadas baseiam-se na **prática** e na **observação** do resultado de diferentes abordagens para lidar com situações de projetos de diversas naturezas, em empresas com características organizacionais distintas, mantendo uma postura extremamente ética. Este, portanto, não é um livro de teoria e exige conhecimento teórico para melhor aproveitamento.

O livro apresenta **55 erros** frequentes, mas que podem ser evitados, aumentando as chances de sucesso do projeto, agrupados em nove temas:

- Paradigmas
- Aspectos Metodológicos
- Gerente de Projetos
- Aspectos Comportamentais
- Partes Interessadas
- Trabalho em Equipe
- Planejamento
- Gerenciamento de Riscos
- Execução, Monitoramento e Controle

X - Campo Minado em Projetos

Para cada erro, são apresentadas as informações:

- Definição do **contexto**.
- Principais **causas**.
- Principais **efeitos**.
- **Recomendações**.
- **Exemplos**.

Com o objetivo de dar tangibilidade às recomendações, são apresentadas **50 TÉCNICAS adaptadas ao gerenciamento de projetos**, sendo:

- 21 de aplicação técnica.
- 27 de aplicação gerencial, organizadas em seis categorias: Boas práticas gerais, Estilos, Liderança, Otimização, Motivacional e Persuasão.
- 2 de mapeamento de perfil.

OBSERVAÇÃO: O livro não tem o objetivo de explorar detalhadamente as técnicas, mas apresentar uma visão resumida para dar contexto às recomendações. Para estudo das técnicas, recomendo os livros que utilizei como referência.

IMPORTANTE: Sugiro que as recomendações apresentadas sejam sempre avaliadas no contexto organizacional, considerando a estrutura, a dinâmica e a cultura organizacionais, o nível de formalização e autonomia do gerente de projetos, e outros fatores relevantes.

Eu, sinceramente, espero que o conteúdo deste livro contribua de alguma forma com os colegas na desafiadora responsabilidade de gerenciar os projetos, aumentando as chances de sucesso dos projetos e de suas carreiras.

Mauricio Gambini

GLOSSÁRIO

Para garantir o alinhamento, foi criado um pequeno glossário com alguns termos apresentados que podem ter diferentes interpretações em cada empresa.

Estilo tradicional de gerenciamento: aplicação de abordagem mais robusta como o guia PMBOK® e Prince2®, seja com aplicação cascata (waterfall) ou iterativa.

Gerente de projetos: Gestor de projetos, líder de projetos ou outra nomenclatura similar.

Gestor: gerente funcional, superintendente ou diretor; colaborador com nível executivo responsável por recursos, departamentos e/ou áreas da empresa.

Equipe: núcleo da equipe do projeto, pessoas que atuam diretamente na criação das entregas.

Oportunidade: no contexto de gestão de riscos, risco com impacto positivo no projeto.

Ameaça: no contexto de gestão de riscos, risco com impacto negativo no projeto.

SUMÁRIO

Paradigmas 1

  1. É fácil exercer o papel de gerente de projetos 3

  2. Terei no gerenciamento de projeto a mesma proficiência
     que tenho em minhas atividades diárias 6

  3. Certificação é garantia de um ótimo desempenho 10

  4. A nomeação do gerente de projetos é suficiente para
     conquistar o respeito da equipe 12

  5. Não é possível gerenciar adequadamente mais de um
     projeto simultaneamente 15

  6. Não é possível gerenciar adequadamente um projeto
     assumindo outros papéis 18

  7. Projeto com status vermelho é sinônimo de gerente
     de projetos incompetente 21

  8. O cliente tem sempre razão 24

  9. Considerar que todas as áreas envolvidas darão a
     mesma prioridade para o projeto 27

Aspectos Metodológicos 31

  10. Utilizar uma abordagem inadequada para gerenciar o projeto 33

  11. Não utilizar uma metodologia 35

Gerente de Projetos 37

  12. Adotar sempre um mesmo estilo de gerenciamento 39

  13. Aceitar passivamente uma equipe inadequada 44

  14. Acompanhamento inadequado do fornecedor 49

  15. Gerenciar subcontratados de forma inadequada 56

  16. Não esclarecer dúvidas sobre o gerenciamento de projetos 59

XIV - Campo Minado em Projetos

17. Incorporação inconsciente das mudanças nas metodologias 63

18. Gerenciamento inadequado dos subprojetos 66

Aspectos Comportamentais **71**

19. Características como timidez e reatividade não
afetarão o gerenciamento do projeto 73

20. Posso mudar aspectos comportamentais da equipe
durante o projeto 76

21. Posso alocar as pessoas da equipe em qualquer posição 79

Partes Interessadas **81**

22. Tomar como certa a participação de colaboradores-chave
prometidos ao projeto 83

23. Esperar que as pessoas se apresentem para realização
das tarefas em que estão alocadas no projeto 85

Trabalho em Equipe **87**

24. Sempre manter a estrutura e a dinâmica que os
colaboradores têm em suas equipes 89

25. Permitir que seja instalada uma atmosfera negativa 91

26. Apresentar apenas as informações relativas ao que o
colaborador vai atuar 95

Planejamento **97**

27. Não definir o plano de gerenciamento do projeto 99

28. Confundir as metodologias de gerenciamento de projeto
e de criação das entregas 103

29. Pressupor que as restrições chegarão até você 108

30. Não delimitar o escopo corretamente 112

31. Fazer uso inadequado da estrutura analítica do projeto 115

32. Criar um cronograma com granularidade inadequada 125

Sumário - XV

33. Realizar estimativas para os recursos errados 127

34. Realizar estimativas extremadas 130

35. Alocação inconsistente de recursos 132

36. Ajustes indevidos das estimativas pelos gestores funcionais 137

37. Percentual de alocação inadequado ao gerenciamento
do projeto 139

38. Discutir níveis inadequados do plano de ação 145

39. Falta de conhecimento sobre o software de gerenciamento
de cronograma 148

Gerenciamento de Riscos **151**

40. Não gerenciar os riscos do projeto 153

41. Gerenciamento de riscos é atribuição exclusiva do
gerente do projeto 154

42. Divulgar os riscos inadequadamente 156

43. Não identificar os principais riscos do projeto 158

44. Mapeamento de riscos com granularidade inadequada 161

45. Registro incompleto dos riscos 162

46. Sobrecarregar a declaração do risco 164

47. Realizar a análise e definição de resposta imediatamente
após mapear o risco 167

48. Definição indevida de relevância dos riscos 170

49. Não definir resposta adequada aos riscos mais relevantes 173

50. Não tratar adequadamente os riscos relacionados à
falta de experiência do gerente de projetos 175

51. Não gerenciar os riscos relacionados à dependência de
outros projetos 178

52. Dar "tratamento light" aos riscos relevantes 180

XVI - Campo Minado em Projetos

Execução, Monitoramento e Controle 187

53. Contar que as pessoas executarão as tarefas do projeto segundo o cronograma definido 189

54. Insistir em um plano que se tornou inadequado 190

55. Atualizar o projeto em grandes intervalos 193

Técnicas 197

Uso Geral 200
Lista de Checagem (Checklist) 200
Mapa Mental 200

Equipe 201
Modelo ABCDE 201
Compartilhamento das Responsabilidades 202
Matriz de Papéis e Responsabilidades 202
Tabela de Papéis e Responsabilidades 203

Medição 204
Gráfico de Ações (Stock) 204
Valor Agregado 205

Análise de Causas 206
Diagrama de Ishikawa 206
Diagrama de Causalidade 207

Cronograma 208
Cronograma Dinâmico 208
Fast Tracking 209
Crashing 209
Estimativas 210
Caminho Crítico 211
Corrente Crítica 211

Riscos 212
Risk Breakdown Structure (RBS) 212
Análise SWOT 213
Árvore de Decisão 214
Diagrama de Bolhas 215

Sumário - XVII

Técnicas de Gerenciamento 217

Boas Práticas Gerais 219

As Funções do Gerenciamento 220

Os 7 hábitos de Pessoas Altamente Eficazes 220

Teoria da Determinação de Metas.......................... 220

Metas SMART 220

Estilos 221

Teoria X E Y... 221

Liderança Centrada em Ação.............................. 222

Teoria do Estilo Básico.................................. 222

Teoria dos Estilos de Gestão 222

Os Três Tipos de Autoridade 222

Liderança.. 223

Liderança Situacional 223

Liderança Carismática 224

Teoria das Fontes de Poder 224

Programação Neurolinguística 225

Inteligência Emocional 225

Otimização.. 225

Modelos de Desempenho de Equipe 226

Análise Transacional de Berne.......................... 226

Modelo de Solução de Conflitos 227

Ciclo OODA 228

Princípio Pareto....................................... 228

Motivacional 228

Liderança Transformacional 229

Pirâmide de Maslow 229

Modelos da Característica do Trabalho................... 230

Teoria da Motivação e Higiene.......................... 230

Janela de Johari....................................... 231

Persuasão... 232

Modelos de Persuasão................................... 233

Liderança Transacional................................. 234

Técnicas Básicas 235

XVIII - Campo Minado em Projetos

Técnicas de Mapeamento de Competências......................237

modelo DISC.. 239

Raio X... 240

Referências..243

Aspectos Técnicos..245

Aspectos Humanos 246

Índice..249

Capítulo 1
Paradigmas

Paradigmas - 3

1. É FÁCIL EXERCER O PAPEL DE GERENTE DE PROJETOS

Mito! Cada projeto tem seus desafios relacionados ao escopo, ao processo de criação das entregas, à equipe, à cultura, estrutura ou dinâmica da empresa, à tecnologia etc. A lista é longa.

Raros são os projetos realizados de forma bem tranquila, conforme o planejamento, sem mudanças ou imprevistos significativos. Todos os projetos têm suas peculiaridades e devem ser considerados vários aspectos: comportamentais, técnicos, culturais, políticos, organizacionais etc.

O fato é que o papel coloca o colaborador em posição de destaque, "para o bem e para o mal".

Porém, o aspecto positivo é que um bom gerente de projetos, aquele com capacidade técnica e de liderança, é um forte candidato a gestor, visto que:

- Grande parte das competências é a mesma: comunicação, pensamento estratégico, montagem, organização e motivação da equipe, visões de curto, médio e longo prazos, observação, análise, tomada de decisão, negociação, persuasão, leitura da linguagem corporal etc.

- Se consegue lidar com as dificuldades sem nenhuma autoridade e poder, imagine se tiver uma posição com autoridade e autonomia que o permitam atuar em níveis diferenciados.

RECOMENDAÇÕES

Autoconhecimento e Autodesenvolvimento

São requisitos básicos para qualquer atuação que exija liderança, tema constante no gerenciamento de projetos.

Para criar a relação de pontos fortes e pontos a desenvolver relevantes ao gerenciamento de projetos é necessário saber quais as competências e habilidades exigidas.

Em empresas com maior nível de maturidade, este tipo de informação pode ser encontrada na metodologia e/ou em mapeamentos de competência por papel. Na indisponibilidade destes recursos, pode-se buscar apoio no escritório de projetos, com gerentes de projetos mais experientes, na literatura especializada ou no mercado.

 Exemplo: O guia PMBOK® indica como competências interpessoais necessárias ao gerente de projetos: liderança, formação de equipe, motivação, comunicação, poder de influência, tomada de decisão, consciência política e cultural, e negociação.

Uma vez definida a relação de competências e habilidades necessárias é preciso **conhecer seu nível de proficiência real**. Todos podem realizar uma autoavaliação, mas isto nem sempre é suficiente, pois cada um pode ter uma visão diferente. Por esta razão, é recomendável solicitar o feedback de pessoas que tenham o legítimo interesse de auxiliá-lo em seu desenvolvimento e que tenham capacidade para tal.

 Técnicas: A Janela de Johari é uma das técnicas que ajuda a esclarecer esta divergência. Modelo DISC e Raio X são outros exemplos de técnicas que podem ser aplicadas.

Uma vez que você já conhece seus **pontos fracos**, é essencial se manter alerta enquanto não conseguir desenvolvê-los a um nível satisfatório. **Buscar aprimoramento contínuo** é fundamental ao gerente de projetos, visto que sempre temos competências menos desenvolvidas.

Cada projeto é exclusivo e, mesmo em projetos "parecidos", os desafios podem ser radicalmente diferentes em função de seu contexto e, portanto, exigem maturidade em competências diferentes.

As opções para aprimoramento hoje são muitas e encontramos alternativas em diferentes formas, mecanismos e custos. As mais comuns são a literatura, troca de experiências, colaboração (por meio da internet), e-Learning, curso presencial, *mentoring* e *coaching*, são algumas das opções.

Conhecer a Metodologia

Conhecer detalhadamente a metodologia da empresa para gerenciamento de projetos é essencial, pois o escritório de projetos conta com especialistas nesta disciplina e nas características organizacionais para definir a "melhor metodologia para a empresa neste momento". No entanto, caso a empresa não possua uma metodologia, é importante **conhecer a referência mais adequada ao estilo do projeto**.

Exemplo: O Guia PMBOK® para gerenciamento tradicional e Scrum para gerenciamento ágil.

É sempre recomendável conversar com gerentes de projetos mais experientes para receber orientações sobre o que e como fazer (e também o que e como não fazer).

Aprender com o Passado

"Aqueles que não conseguem lembrar o passado estão condenados a repeti-lo." — George Santayana

Se a empresa possui cultura e mecanismos de **gestão de conhecimento**, basta acessar o banco de informações sobre os projetos e conhecer as principais dificuldades vivenciadas através do histórico e das lições aprendidas.

Sem a gestão de conhecimento institucionalizada, devemos recorrer ao **conhecimento tácito** dos gerentes de projetos relacionado ao histórico de dificuldade em projetos anteriores.

2. TEREI NO GERENCIAMENTO DE PROJETO A MESMA PROFICIÊNCIA QUE TENHO EM MINHAS ATIVIDADES DIÁRIAS

Esta premissa parte de um fundamento incorreto, pois a disciplina de gerenciamento de projetos exige competências e habilidades específicas muito diferentes das competências de um técnico. Em outras palavras, profissionais com muita experiência técnica em sua área podem ter um desempenho péssimo atuando no papel de gerente de projetos.

Na carreira Y, o gerenciamento de projetos está mais próximo da opção gerencial do que da técnica.

Os gestores funcionais também podem cometer erros na nomeação do gerente do projeto. Exemplo disso são as situações em que se considera a *senioridade* do cargo em vez da proficiência nas competências exigidas pelo gerenciamento de projetos.

Exemplo: Um biólogo sênior com muita bagagem em engenharia genética é nomeado como gerente de um projeto complexo, apesar de não ter o perfil nem a experiência necessária.

RECOMENDAÇÕES

Assumir Projetos que Tem Condição de Gerenciar

O colaborador deve **colocar o ego de lado** e **avaliar se tem a qualificação necessária** para assumir o papel, levando esclarecimento ao gestor funcional sobre sua análise.

Exemplo: Um projeto com 35 entregas que dependem de uma inovação tecnológica recente no mercado e inédita na empresa, com 18 áreas envolvidas (seis diretorias diferentes), duas entidades externas, uma empresa parceira (inédita) e dois novos fornecedores.

O gerente de projetos vai ter tantos desafios significativos que pode acabar priorizando o aspecto técnico, deixando o gerenciamento de projeto de lado e não realizando as atividades satisfatoriamente.

É recomendável começar com um projeto menor, com menos riscos e menos complexo, no qual o gerente de projetos pode dedicar-se adequadamente às atividades de gerenciamento, consolidando a capacitação que recebeu e preparando-o para projetos mais desafiadores.

Para que os gestores funcionais acertem na nomeação do gerente do projeto é necessário que **conheçam quais as competências e habilidades necessárias ao papel**, podendo utilizar os padrões do mercado como referência.

Exemplo: Uma das opções é o modelo PMCD (*Project Manager Competence Development Framework*) proposto pelo PMI (*Project Management Institute*), o qual sugere seis competências pessoais para o gerente de projetos:

- Comunicação.
- Liderança.
- Gestão (administração dos recursos).
- Habilidade cognitiva (observação e tomada de decisão).
- Efetividade (capacidade de produzir resultados).
- Profissionalismo (ética, respeito e justiça).

Se, por alguma razão, a empresa deseja que o colaborador seja o gerente do projeto mesmo que não tenha o *know-how* e perfil necessários, podem-se adotar algumas práticas para minimizar os riscos:

- Orientação do escritório de projetos e/ou do gerente de projetos mais experiente.
- Validação dos passos-chave.
- *Mentoring* etc.

A área de **recursos humanos** é especializada em pessoas e pode ser de grande ajuda neste momento.

Exemplo: Algumas pessoas têm o estilo "corredor de cem metros" (empregam muita energia e se envolvem com paixão, mas dura pouco), muito adequadas para certos tipos de atividades, mas a falta de persistência (que está associada a outros fatores, como paciência) pode ser um grande problema para o gerente de projetos.

Outras estão mais para "corredor de maratona", são menos intensas, mas conseguem manter o foco, o interesse, a energia e o comprometimento por mais tempo.

Técnicas: O Mapa Mental é uma das técnicas que podem ser aplicadas para organizar as competências e habilidades de forma simples e consistente. Outras são: Modelo DISC, Raio X e Gráfico de Ações.

Capacitação

A ideia de "aprender a gerenciar projetos em voo" é de altíssimo risco e pouco recomendada. O ideal é capacitar os gerentes de projetos por meio de um plano consistente, definido por especialistas no assunto e com apoio do RH.

Aprimorar os **conhecimentos técnicos** é relativamente simples e pode ser feito por meio de uma combinação de diferentes métodos e mecanismos, conforme o tema estudado: e-Learning, treinamento presencial, *mentoring* e *coaching*. As empresas que possuem cultura e mecanismos de gestão de conhecimento conseguem maximizar o investimento de capacitação e a curva de aprendizado.

No entanto, o desenvolvimento das **habilidades** não é tão simples, pois elas estão diretamente ligadas às características pessoais, o que significa que podem exigir enorme energia, investimento e tempo, e alguns podem não atingir níveis adequados para exercer o papel.

Exemplo: Para que pessoas extremamente tímidas consigam realizar comunicação e liderança efetivas, terão de superar, primeiramente, sua timidez.

Mas nem sempre se consegue desenvolver todas as habilidades do gerente de projetos em níveis satisfatórios antes de gerenciar o primeiro projeto. Neste caso, pode-se adotar uma estratégia de evolução gradual, promovendo o desenvolvimento necessário às características do projeto que vai gerenciar.

> **Exemplo**
> O primeiro projeto de um colaborador envolverá poucas pessoas, com quem trabalha há bastante tempo, tem bom relacionamento e é reconhecido por seu conhecimento técnico diferenciado. Provavelmente não precisará ter as habilidades de liderança superdesenvolvidas para conseguir gerenciar o projeto.

Dar Subsídio aos Gerentes de Projetos com Menor Cargo ou Mais Jovens

Os grandes desafios dos colaboradores com menor cargo e/ou mais jovens quando assumem o gerenciamento de um projeto estão relacionados aos aspectos culturais. Dependendo do perfil (e do momento) das pessoas, pode existir uma resistência em relação à aceitação do gerente de projetos pela equipe.

> **Exemplo**
> Um grupo de seniores desiludidos com o andamento da carreira pode se sentir diminuído pela nomeação de um gerente de projetos tão mais jovem que eles.
>
> Esta interpretação pode acontecer até em nível inconsciente e acaba desconsiderando uma série de fatores que justificam a nomeação, inclusive o grande conhecimento técnico nas atividades que realizam diariamente (já discutido anteriormente).
>
> Incoerente, mas acontece...

Por esta razão, é essencial que sejam dados subsídios e o apoio necessários a estes colaboradores, para que possam realizar as atividades de gerenciamento e garantir o sucesso do projeto. Isto pode ser realizado pelo gestor funcional ou pelo gerente do projeto, e exige atuar junto aos colaboradores-chave da equipe, realçando a importância do projeto para a empresa, as razões da nomeação e a importância deles para o sucesso do projeto.

3. CERTIFICAÇÃO É GARANTIA DE UM ÓTIMO DESEMPENHO

Ter uma certificação confere ao gerente do projeto conhecimento sobre um conjunto muito significativo na disciplina, mas não é suficiente para garantir o sucesso dos projetos que gerencia. Isto se deve ao fato de que a correta aplicação de boa parte deste conhecimento técnico depende de outros fatores:

- **Habilidades e competências complementares** — comunicação, organização, visão estratégica e liderança são exemplos que fazem toda a diferença. Conheci técnicos excelentes com capacidade mínima de comunicação e, uma vez que o gerente do projeto se comunica em 90% do tempo, as consequências são óbvias.

- **Experiência** — gerentes de projetos há pouco tempo na empresa ou com pouca experiência no negócio podem desconhecer aspectos importantes ao projeto.

- **Contexto do projeto** — cada projeto tem um contexto particular e pode exigir posicionamentos diferenciados.

- **Equipe** — pessoas diferentes, pessoas com quem nunca trabalhamos em um projeto antes, uma nova parceria etc, cada equipe pode precisar de uma estratégia diferente.

- **Idade** — gerentes de projetos jovens podem enfrentar um desafio particular, dependendo da equipe e das características organizacionais (vide recomendação *Dar subsídio aos gerentes de projetos com menor cargo ou mais jovens*, do Paradigma 2) etc.

> ATENÇÃO: O risco é potencializado com gerentes de projetos cujo ego não está "sob controle".

RECOMENDAÇÕES

Ter Ciência das Competências Complementares Necessárias

Uma vez que o conhecimento técnico está adquirido, é momento de saber quais as habilidades necessárias e os respectivos níveis de proficiência.

 Técnicas: Janela de Johari, Modelo DISC e Teoria do Estilo Básico são exemplos que podem ser aplicados.

OBSERVAÇÃO: Por favor verificar detalhes no Paradigma 1.

Saber Quais as Competências Prioritárias

Apesar de o "kit de competências" ser recomendado para todo projeto, a exigência pode variar significativamente de acordo com o contexto de cada projeto. Isto significa que uma competência pouco desenvolvida pode ser crítica ao sucesso em um projeto, mas não ser em outro.

 Exemplo: Projeto cuja equipe já trabalhou junta em projetos anteriores, tem bom nível de comunicação e aceitação do gerente de projetos. Envolve uma única área de negócio e os *stakeholders* são muito participativos e comprometidos. A falta de desenvolvimento da competência de liderança no gerente do projeto não deve fazer tanta falta quanto em um projeto em cenário oposto.

 Técnicas: Checklist e Gráfico de Ações podem ser utilizados para mapear e quantificar os níveis.

> OBSERVAÇÃO: Por favor verificar detalhes nos Paradigmas 1 e 2.

4. A NOMEAÇÃO DO GERENTE DE PROJETOS É SUFICIENTE PARA CONQUISTAR O RESPEITO DA EQUIPE

> "Liderança é a arte de conseguir que alguém faça o que você quer, porque ele/ela quer fazê-lo."— Dwight D. Eisenhower

O gerente de projetos em um ambiente militar, em geral, pode considerar esta afirmação verdadeira, mas, nas empresas, isto é muito raro de acontecer.

A **autoridade é outorgada**, isto é, um gerente de projetos é nomeado por um executivo com esta autonomia. Isto formaliza que o colaborador é o responsável pelo projeto na empresa. Mas é só.

O **poder é conferido pela equipe**, quando o aceita na posição de gerente do projeto. Isto significa que ele/ela deve conquistar o respeito do grupo neste papel.

> **Exemplo**
> Já observei gerentes de projetos arrogantes, com bom nível de conhecimento em gerenciamento de projetos, mas com pouquíssima habilidade para lidar com pessoas, que não foram aceitos pela equipe. Em pouquíssimo tempo a equipe (com conhecimento técnico e organizacional) criou uma circunstância na qual o gerente do projeto se tornou um mero agendador de reunião.

A aceitabilidade pela equipe é um dos desafios que todo gerente de projetos enfrenta; é menor quando se trata de um grupo conhecido com o qual possui uma convivência adequada e acostumada com o papel *gerente de projetos,* ou maior (às vezes BEM maior), quando se trata de um grupo com o qual não tem interação, com diferenças pessoais e/ou profissionais, histórico de conflito e grupos que interpretam o gerente de projetos como um "novo chefe".

RECOMENDAÇÕES

Conhecer seus Pontos Fortes e Fracos em Relação à Liderança

Este é o ponto de partida para as demais ações, pois o gerente de projetos deve explorar seus pontos fortes e estar muito atento aos pontos fracos (enquanto não estiverem bem desenvolvidos). Várias técnicas de gerenciamento apresentadas no último capítulo podem ser utilizadas.

Técnicas: Checklist, Gráfico de Ações e os diferentes Estilos de Liderança podem ser utilizados como referência.

OBSERVAÇÃO: Por favor verificar detalhes nos Paradigmas 1 e 2.

Observar, observar, observar!

Esta é a capacidade que vai permitir identificar com quem lidamos, entender as principais características (positivas e negativas) e definir a estratégia para lidar com cada uma.

Técnicas: Checklist, Modelo DISC, Raio X e Teoria da Análise Transacional de Berne são exemplos de técnicas que podem ser aplicadas.

Solicitar Opinião do Gestor Funcional

Seu gestor, na posição de liderança de célula ou área, tem mais experiência e pode lhe dar sugestões que o ajudem. Ele pode até conhecer pessoas-chave da equipe, facilitando o processo de observação e a definição de estratégia para lidar com cada uma.

14 - Campo Minado em Projetos

Caso o gestor não tenha experiência em liderança, buscar apoio com quem entenda, pode lhe ajudar. Dependendo do porte, número de envolvidos e características do projeto, deve ser considerado buscar auxílio até do RH.

Técnicas: Checklist, Modelo DISC, Raio X e Teoria da Análise Transacional de Berne são exemplos de técnicas que podem ser aplicadas.

Criar uma Checklist das Principais Características Pessoais

Não adianta nada observar se não souber o que deve ser analisado. É essencial que o gerente de projetos saiba quais características de cada integrante da equipe são relevantes para o bom andamento do projeto, antes de iniciar o processo de observação.

ATENÇÃO: Corrigir as características pessoais inadequadas dos integrantes da equipe não é responsabilidade do gerente do projeto!

A ideia de **conhecer as características** é para auxiliar a **definir a melhor estratégia para lidar com cada um**.

Exemplo

Resistência — resistência à mudança, à adoção de novos métodos, à sua pessoa como gerente de projetos, à liderança de pessoas mais jovens etc.

Arrogância — em muitos casos está associada à experiência e ao alto nível técnico.

Baixa autoestima — podem ser abafados, principalmente quando estão em contato com pessoas arrogantes.

Insatisfação profissional — este item é interessante, pois o gerente não vai resolver mas permite adotar uma estratégia de valorização que permite gerar motivação.

Contestação — o contestador é aquele que é contra tudo (menos o que ele mesmo sugere).

> **Influenciável** — aquele que segue a opinião do mais forte ou da maioria.
>
> **Influenciador** — nem sempre são pessoas de maior cargo, idade ou há mais tempo na empresa, mas conseguem influenciar o grupo.

5. NÃO É POSSÍVEL GERENCIAR ADEQUADAMENTE MAIS DE UM PROJETO SIMULTANEAMENTE

Isto não é necessariamente verdade. É possível realizar um bom gerenciamento de mais de um projeto ao mesmo tempo, mas isto depende de alguns fatores-chave.

Entendo que a alocação em um único projeto mantém a mente do gerente de projetos focada e pode aumentar sua proficiência, mas o gerenciamento de mais de um projeto pode ser realizado com excelência, dependendo de vários fatores:

- **Gerente de projetos não estar superalocado** — gerenciando outros projetos ou participando deste e outros projetos com outros papéis.
- **Características-chave do projeto** — restrições, premissas, nível de risco, partes interessadas etc.
- **Falta de experiência do gerente de projetos.**
- **Inovações na solução criada pelo projeto.**
- **Inovações na condução do projeto** — metodologias, processos, ferramentas, nova estrutura ou cultura organizacional, novos parceiros etc.

- **Características pessoais do gerente de projetos** — algumas pessoas têm dificuldade de realizar o gerenciamento de projetos simultâneos devido às suas habilidades cognitivas e sociais.

RECOMENDAÇÕES

Avaliação de Viabilidade

O gerente do projeto deve avaliar vários aspectos para se certificar de que gerenciar mais de um projeto simultâneo é viável:

- **Disponibilidade** — considerar o calendário de trabalho, outros projetos em que está alocado (em qualquer papel), atividades operacionais de que participa.

> OBSERVAÇÃO: Na maioria das vezes em que gerentes de projetos indicaram não ser possível gerenciar vários projetos simultaneamente, quando analisado, identificamos um descontrole da sua agenda de trabalho. O problema era não ter tempo disponível para realizar o gerenciamento, porque estava alocado em vários projetos e atividades operacionais que, quando contabilizadas, totalizavam 12 h/dia.

É absolutamente necessário que o colaborador tenha um controle de horas disponíveis para que possa assumir novas responsabilidades.

- **Autoconhecimento** — avaliar se possui o perfil adequado e as habilidades necessárias para gerenciar mais de um projeto simultaneamente. Algumas pessoas simplesmente têm muita dificuldade em dividir sua concentração. Visto que cada projeto tem seu "universo", gerenciar dois ou mais projetos simultaneamente se torna uma tortura para essas pessoas.

- **Nível de estresse** — em determinados momentos podemos vivenciar dificuldades pessoais e/ou profissionais que diminuem nossa capacidade geral. É essencial que o gerente de projetos avalie sua real condição, pois projetos simultâneos podem potencializar o nível de estresse.

Alocar (formalmente) o Tempo Necessário ao Gerenciamento em Cada Projeto

Em muitos cronogramas constatei a ausência de atividades de gerenciamento de projetos. Na maioria dos casos, este erro tinha origem na definição da EAP (Estrutura Analítica do Projeto), na qual não constava o componente "Gerenciamento do projeto".

Gerenciar o projeto consome energia e tempo, portanto, é preciso ter atividades mapeadas no cronograma. E, assim como qualquer atividade, alocar os recursos necessários à sua execução.

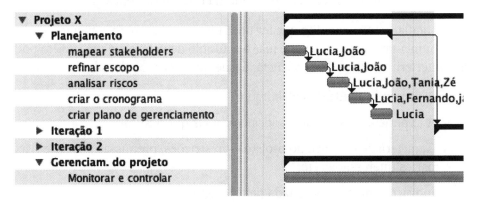

Exemplo simplificado para apresentar alocação nas atividades de gerenciamento

É importante considerar:

- **O "momento" do projeto** — pois o ciclo de vida determina se é necessário maior ou menor esforço de gerenciamento.

 Exemplo Identificação/Análise/Resposta de riscos são muito intensas no planejamento, apesar de ocorrer durante o projeto todo.

- **Diferentes papéis** — se o gerente do projeto tem outro(s) papel(éis) no projeto, deve considerá-los individualmente. Não se trata de "sete horas por dia alocado no projeto", mas da alocação do colaborador nas atividades do cronograma relativas a cada papel.

6. NÃO É POSSÍVEL GERENCIAR ADEQUADAMENTE UM PROJETO ASSUMINDO OUTROS PAPÉIS

Isto não é necessariamente verdade. É possível realizar um gerenciamento adequado, apesar de assumir outros papéis no projeto.

Aliás, é frequente a situação em que o gerente do projeto também atue em, pelo menos, um papel técnico envolvido na criação das entregas.

Particularmente, acredito que ter um único papel mantém a mente focada e pode aumentar sua proficiência, mas o acúmulo de papéis em um projeto pode não interferir no nível de excelência, desde que considerados alguns fatores:

- A disponibilidade do colaborador.
- A experiência do colaborador nos papéis que assumirá.
- Características-chave do projeto — restrições, premissas, nível de risco, partes interessadas etc.
- Inovações na solução criada pelo projeto.
- Inovações na condução do projeto — metodologias, processos, ferramentas, nova estrutura ou cultura organizacional, novos parceiros etc.
- Características pessoais do gerente de projetos — algumas pessoas têm dificuldade de realizar o trabalho de vários papéis devido às suas habilidades cognitivas, sociais e motoras.

O oposto também ocorre, quando um papel é penalizado em detrimento de outro, em função de várias razões:

- Por pura inércia — como parte de nossa natureza, o ser humano busca a zona de conforto, e fazer o que está acostumado (e conhece bem) o mantém nesta zona de conforto.
- O colaborador prefere atividades técnicas ou gerenciais.
- O colaborador prefere um determinado papel, mas foi nomeado como gerente do projeto.

- O colaborador se dedicou alguns meses para conseguir uma certificação em gerenciamento de projetos e quer ter uma dedicação especial neste projeto.

RECOMENDAÇÕES

Conhecer suas Características

Nem todos têm o perfil e as habilidades necessários para assumir dois papéis em um projeto e realizar um bom trabalho nas respectivas responsabilidades.

OBSERVAÇÃO: Por favor verificar detalhes nos Paradigmas 1 e 2.

Certificar-se de Sua Disponibilidade

O colaborador deve ter tempo disponível para executar as atividades de cada um dos papéis.

OBSERVAÇÃO: Por favor verificar detalhes nos Paradigmas 1 e 2.

Esclarecer ao Gestor Funcional Sobre sua Participação

Alguns gestores funcionais não consideram as responsabilidades dos papéis que um colaborador terá no projeto quando definem sua alocação. Muitos alocam um técnico e esperam que "faça um cronograma". Gerenciar projeto é muito mais do que isso!

Esta visão incorreta faz com que o colaborador acabe dividindo seu tempo pelas atividades dos vários papéis, e acaba normalmente penalizando suas responsabilidades como gerente de projetos.

Para realizar um trabalho decente em mais de um papel, é necessário ter tempo para as respectivas responsabilidades. Cabe ao gerente de projetos **esclarecer estas responsabilidades e o tempo necessário para cada papel.**

Alocar Tempo para as Responsabilidades de Cada Papel

Como gerente de projetos, o colaborador tem atividades específicas durante o projeto que variam na natureza, objetivo e esforço, conforme o momento em que o projeto está. É necessário que seja feita alocação do gerente de projetos em todas essas atividades.

O mesmo ocorre às atividades do outro papel que assume. Em dado momento, o colaborador pode realizar atividades do gerente de projetos e do técnico ao "mesmo tempo".

Exemplo: O gerente de projetos que conduz uma reunião periódica, para garantir alinhamento na equipe, promover a avaliação dos riscos e problemas do projeto.

Nesta mesma reunião o colaborador terá responsabilidades do papel técnico, provendo informações, realizando análise e definições.

OBSERVAÇÃO: Por favor verificar detalhes nos Paradigmas 1 e 2.

Incorporar o Papel

Atores e atrizes com mais de um papel em uma peça de teatro, filme ou novela têm que realizar um processo de concentração antes de atuar em cada personagem. Isto se aplica também nos projetos. É como "ligar e desligar" o conjunto de **características necessárias a cada papel**.

Quando atuando como gerente do projeto, o colaborador tem de se lembrar das responsabilidades e das habilidades relacionadas. Como um técnico, o colaborador tem outro conjunto de responsabilidades e habilidades.

A criação de um mapa mental com um resumo é algo simples de fazer e ajuda muito neste processo.

Técnicas: "A quarta parede" de Constantin Stanislavski, e "A biomecânica" de Meyerhold, são exemplos de técnicas que exploram o processo de preparação do ator para vários papéis e podem ser estudadas com perspectiva de aplicação do papel do gerente de projetos.

7. PROJETO COM STATUS VERMELHO É SINÔNIMO DE GERENTE DE PROJETOS INCOMPETENTE

Para facilitar a visão executiva do projeto são definidos indicadores (ex.: verde, amarelo, laranja e vermelho) calculados a partir das medições realizadas no projeto (ex.: índices de desempenho de prazo/custo, tarefas do caminho crítico que estão atrasadas etc.). Como um indicador de temperatura do carro, os indicadores de projeto não apresentam detalhes e não explicam porque o projeto está com "status vermelho".

Normalmente existe um comitê de projeto com várias responsabilidades, da priorização dos projetos à avaliação de projetos em situação crítica.

O comitê de projetos não pode ser visto como uma sala de tortura ou um pelotão de fuzilamento, pois seu objetivo é entender as causas da situação crítica e tomar providências para resolvê-las, em um nível maior e mais abrangente.

Existem muitas causas para levar um projeto a um estado crítico:

- Perda de recursos-chave.
- Orçamento não liberado para aquisições.
- Quebra de contrato com fornecedor.
- Mudanças no processo de criação das entregas.
- Problemas na implantação de uma nova ferramenta utilizada para criação das entregas.
- Nova arquitetura da solução não foi liberada no prazo definido.

- Atraso na homologação da nova tecnologia que será utilizada no projeto.
- Atraso em outro projeto que disponibilizaria a área de homologação para o projeto.
- Mudanças radicais na definição e no escopo devido a mudanças de pessoas-chave na área solicitante etc.
- Inclusive falha do gerente do projeto.

Em resumo, **MUITAS razões podem levar o projeto ao status vermelho**.

RECOMENDAÇÕES

Atenção e Proatividade

Sempre realizar as atividades de gerenciamento com atenção e cuidado, observando os detalhes mas mantendo a visão do todo, observando o agora porém analisando os próximos passos.

Observação e **análise** são essenciais à **antecipação**, permitindo **ações preventivas** em lugar às corretivas.

 Ciclo OODA é um exemplo que define um processo simples de aplicação de observação, análise e ação.

Fazer Tudo (Eticamente Correto) o que Está a seu Alcance

Tomar todas as providências que estejam a sua alçada para que o projeto siga conforme planejado, ou com pouca divergência, **escalando o que ultrapassa seus limites**.

Escalar

Em cada projeto, a alçada do gerente de projetos pode mudar. O que estiver fora de seus limites deve ser levado a alguém que tenha autoridade/autonomia. Isto inclui comunicações, negociações, medidas preventivas, mudanças, tomadas de decisão etc.

Não poder realizar uma comunicação ou tomar uma decisão não significa que a questão será "simplesmente escalada". Uma vez que **o gerente de projetos deve "fazer parte da solução** e não do problema", é essencial que pense a respeito e leve ao gestor funcional alternativas de solução para facilitar o trabalho.

Problema: a inesperada indisponibilidade de um especialista que deveria iniciar no projeto em duas semanas.

O gerente de projetos analisa o contexto e leva ao gestor funcional alternativas de alocação interna e de subcontratação, indicando os respectivos custos, benefícios e riscos.

O gestor funcional é necessário apenas porque o gerente do projeto não tem alçada para tomar esta decisão.

Apesar disso, o gerente de projetos fez o que estava a seu alcance, mesmo que o gestor funcional encontre outra alternativa.

Diagrama de Bolhas, Árvore de Decisão e Análise SWOT são exemplos de técnicas que podem ser aplicadas.

Estar Preparado para o Comitê

Não se deve temer o comitê de projetos, mas se **preparar** para fornecer as **informações** necessárias, com diferentes níveis de granularidade, caso o projeto fique em estado crítico.

Em geral, o grupo está interessado no panorama geral. Se necessário, são solicitados detalhes relevantes para entendimento do contexto e identificação de fatores-chave que precisam de algum tipo de intervenção.

> IMPORTANTE: Este é o momento em que certas habilidades relacionadas à comunicação são exigidas. Esclarecer por que o projeto está vermelho, sem criar conflitos nem situações desagradáveis com outras pessoas/áreas, exige elegância e a escolha certa das palavras.

Exemplo do que NÃO se deve fazer: "O projeto está vermelho porque o Zé (da área de arquitetura) não me atendeu".

Alternativa: "O projeto está vermelho porque ainda não resolvemos uma pendência de arquitetura, mas o Zé e a equipe estão atuando e esperamos que seja resolvido em breve".

8. O CLIENTE TEM SEMPRE RAZÃO

O bordão é antigo, forte e está correto na grande maioria das vezes, mas existem exceções.

A participação do cliente é essencial em todo o projeto, por meio de pessoas-chave que representem o negócio. Ninguém melhor que o cliente para esclarecer a oportunidade que quer explorar, os problemas que quer resolver, as limitações que o negócio enfrenta, as características e peculiaridades do negócio, restrições e outros elementos importantes no entendimento do contexto.

O problema surge quando o cliente, sem ter o conhecimento e a experiência necessários resolve tomar **decisões técnicas** que **deveriam ser definidas por especialistas**.

Um dos exemplos comuns envolvem profissionais de TI que são transferidos para a área de negócio, mas continuam pensando como analistas de sistemas.

Além de não se concentrarem nas questões do negócio, esses profissionais ficam desatualizados em relação à tecnologia depois de algum tempo e acabam definindo soluções baseadas em suas experiências. Juntando uma boa dose de arrogância ao contexto, as coisas podem ficar bem complicadas.

> Uma determinada área faz uso de um sistema de informação e seus usuários perceberam que precisam explorar os dados que já estão registrados em diferentes perspectivas. O analista de negócio acaba definindo que precisa de 45 novas consultas no sistema.
>
> Os especialistas em TI, analisando o cenário com conhecimento atualizado da tecnologia, conseguem perceber que uma solução de BI (*Business Intelligence*) pode ser muito mais vantajosa, visto que a empresa possui a infraestrutura necessária.
>
> Neste tipo de solução são disponibilizados os dados, uma ferramenta de uso simples e pouca capacitação, permitindo a criação de infinitas perspectivas sobre esses dados.
>
> O próprio usuário consegue criar as consultas que desejar, não estando limitado apenas às 45 que consegue visualizar hoje, mas também as que identificar necessárias no futuro (sem gerar demanda para a TI).

Este cenário delicado pode ser criado por várias razões, dentre elas:

- **Inércia** — as pessoas acostumam-se a definir a solução em vez de solicitar propostas de solução à área especialista.
- **Aspectos comportamentais** — insegurança, perfil controlador, arrogância etc.
- **Aspectos organizacionais** — como a cultura de expressão de poder.
- **Puramente circunstancial** etc.

RECOMENDAÇÕES

Observação e Análise

Para saber como lidar com alguém é necessário **saber com quem estamos lidando**. Há pessoas que são duras, mas estão abertas a outras opiniões, enquanto que outras têm a "fala mansa", mas são os "donos da verdade".

Não é necessário ser um especialista em neurolinguística, mas é importante **observar** alguns **elementos-chave** em diferentes circunstâncias: a postura, a fala, o olhar, reações em caso de divergência etc.

Técnicas: Checklist, Modelo DISC e Raio X são exemplos de técnicas que podem ser aplicadas.

Definir uma Estratégia

Conforme as características observadas e a conclusão da análise realizada, é necessário **definir uma abordagem para lidar com cada um**.

Exemplo: Como agir em relação a uma solicitação de uma entidade de cultura militar que define a solução que sabemos não ser a mais adequada?

Em uma situação similar eu não apresentei alternativas para a solução solicitada, elaboramos e apresentamos o protótipo. O cliente ficou muito satisfeito em visualizar o que havia pedido.

Quando estavam empolgados perguntei se dispunham de alguns minutos para algo que poderia ser interessante. Neste momento apresentei a solução que considerávamos recomendável. Eles adoraram!

Eles mesmos perceberam que era muito melhor do que haviam solicitado. Se não tivesse percebido que o cliente não estava aberto a alternativas na 1ª reunião, poderia ter colocado em risco o contrato apenas por dizer que havia algo diferente que poderia ser melhor — provavelmente seria interpretado como: "o que vocês solicitaram não é bom e nós, que somos mais inteligentes que vocês, temos algo muito melhor...

Apresentar a Solução Mais Adequada

No "**momento certo**" e da "**forma certa**", o gerente de projetos deve **apresentar alternativas de solução** indicando os respectivos benefícios.

O cuidado com a comunicação é vital neste momento, pois você está dizendo, em outras palavras, "a solução que você definiu não é a melhor".

A argumentação que esclarece as alternativas deve destacar os fatores que são relevantes ao cliente, indicando prós e contras para apoiar a decisão de uma nova solução:

- Custo.
- Tempo para produzir.
- Desempenho.
- Flexibilidade.
- Adaptabilidade.
- Escalabilidade.
- Ganhos (curto/médio/longo prazo) etc.

9. CONSIDERAR QUE TODAS AS ÁREAS ENVOLVIDAS DARÃO A MESMA PRIORIDADE PARA O PROJETO

Não vivemos em um "mundo ideal". Nas empresas existem disputas políticas, aspectos culturais, modelos de avaliação, reestruturações e muitos outros elementos que acabam afetando seu projeto.

Entendendo que as unidades de negócio, áreas e equipes são responsáveis por alguns projetos e o resultado deles definem o resultado da avaliação da equipe, é natural concluir que estes serão os projetos que receberão maior atenção. Aqui estão envolvidos ego, premiação, carreira, disputa política etc.

Muitas vezes as pessoas são alocadas nos projetos de forma inconsistente, gerando superalocação, e acaba faltando tempo para realizar o trabalho como gostariam de fazer. Como resultado deste panorama, as pessoas acabam se dedicando mais a determinados projetos. Em outras palavras, o nível de comprometimento acaba sendo maior em projetos em que o colaborador tem um interesse pessoal maior.

> OBSERVAÇÃO: Normalmente isto não é feito por maldade, mas por resultado das circunstâncias.

Portanto, os projetos têm mais ou menos riscos desta natureza conforme a dependência de outras áreas:

- Da mesma gerência.
- De várias gerências da mesma diretoria.
- De várias diretorias.
- De várias unidades de negócio etc.

RECOMENDAÇÕES

Gerenciar os Riscos!

Cada área envolvida pode não atuar com a mesma prioridade no projeto. Como resultado, alguns riscos podem surgir:

- Postura reativa em relação a dependências para realização da atividade (apenas esperam que algo seja feito).
- As atividades podem não ser iniciadas nas datas planejadas.
- Gastar mais horas que o previsto.
- As atividades de qualidade podem não ser realizadas conforme o plano de gerenciamento de qualidade.

Estes riscos devem ser mapeados em registro de acesso exclusivo do gerente do projeto (vide item 42. *Divulgar os riscos inadequadamente*).

A análise de cada risco depende da área envolvida (mesma gerência, mesma diretoria, mesma unidade de negócio) e os aspectos políticos relacionados.

Exemplo: Uma área X (de outra diretoria) teve avaliação muito ruim nos últimos seis projetos por que era responsável e está sofrendo uma pressão enorme de um novo gestor contratado há pouco. Esta é uma situação típica em que a probabilidade dos riscos citados acima deve ser muito alta.

A resposta deve ser definida conforme a relevância de cada risco. Este é um momento delicado, pois **não devemos "invadir"** as outras áreas, **mas precisamos manter o controle** de alguma forma.

O plano de ação naturalmente depende do contexto, mas algumas práticas podem ser aplicadas na maioria das situações:

- **Definir marcos (*milestones*) curtos junto às áreas**

    Estes marcos permitirão ao gerente de projetos acompanhar pequenos passos dentro do processo que a área deve realizar.

- **Definir um mecanismo de acompanhamento**

    Para não ser intrusivo, é necessário definir a forma de acompanhamento a distância, na qual a área deverá comunicar o andamento de suas atividades. Isto permitirá intervir rapidamente quando o marco não for alcançado conforme planejamento.

- **Conhecer as dependências**

    Se aquela área precisa de algo para realizar as atividades do projeto, é recomendável conhecer estas dependências. Isto permite ao gerente de projetos atuar junto ao responsável, empregando a energia e forma necessárias, para garantir que estes insumos não sejam justificativas da efetivação dos riscos.

- **Estabelecer ou reforçar as parcerias**

    O gerente de projetos tem que avaliar se existe um benefício para o parceiro, pois isso pode ser o gatilho para uma mudança significativa em sua participação no projeto. Se algo pode ser negociado, melhor. Caso contrário, será necessário persuadir o parceiro, para o qual é importante conhecer o perfil, seus valores, seu posicionamento político na empresa, principais dificuldades que enfrenta, metas que deseja atingir, o contexto que a área enfrenta no momento etc.

Algumas parcerias parecem impossíveis, mas exemplos na natureza mostram que simbioses são realizadas com base em necessidades, capacidades e benefícios.

▪ Escalar

Determinadas situações precisam do envolvimento de pessoas de um escalão maior. Seu gestor é o primeiro candidato natural, pois tem acesso, autonomia e poder de comunicação e negociação que você não tem. Basta identificar o que realmente precisa do envolvimento do gestor funcional, para não sobrecarregá-lo com coisas que você poderia resolver.

Capítulo 2

Aspectos Metodológicos

10. UTILIZAR UMA ABORDAGEM INADEQUADA PARA GERENCIAR O PROJETO

Existem várias formas de gerenciar um projeto e garantir seu sucesso:

- **Informal**

- **Metodológico baseado em abordagem tradicional** — forma mais robusta que cobre os diferentes aspectos de um projeto, propondo atividades, técnicas, entradas e saídas, baseadas em referências como o guia PMBOK® e Prince2®.

- **Metodológico baseado em abordagem ágil** — forma simplificada, com aplicações de boas práticas e técnicas que facilitam a estruturação e condução do projeto, como o Scrum.

...e por várias razões o estilo inapropriado pode ser escolhido:

- **Por costume** — em busca da zona de conforto, o ser humano assume uma postura inercial adotando uma abordagem com a qual está habituado.

- **Por resistência** — uma vez que a resistência é mais intensa em uns do que em outros, isto acaba se aplicando na escolha da forma de gerenciar os projetos.

- **Ondas do mercado** — acompanhar as novidades é característica de alguns, por terem um espírito inovador ou por quererem se manter atualizados.

- **Por desconhecimento** de diferentes abordagens.

Cabe ao gerente de projetos (com apoio da equipe) definir como o projeto será gerenciado, e isto envolve a análise de contexto do projeto e dos aspectos organizacionais.

RECOMENDAÇÕES

Identificar as Alternativas que a Empresa Permite que Sejam Adotadas

É essencial **manter o alinhamento** com as diretrizes organizacionais. Qualquer energia empregada na escolha ou definição de uma abordagem em uma organização que não dá esta abertura é puro desperdício.

A utilização de metodologia, em termos corporativos, depende das definições metodológicas do escritório de projetos, cujos cenários podem variar:

- Uma única metodologia **rígida**, que não permite adaptações.
- Uma única metodologia **flexível**, com elementos obrigatórios, mas que permite adaptações nos demais.
- Várias **versões** de uma metodologia, uma para cada tipo de projeto.
- **Várias metodologias**, uma para cada tipo de projeto.

Definir a Metodologia para Gerenciar o Projeto

Baseado nas características do projeto e da equipe, o gerente de projetos deve definir a abordagem mais adequada, podendo envolver as pessoas-chave da equipe para participar desta decisão.

> **Abordagem tradicional:** Forma mais robusta que cobre todos os aspectos do gerenciamento de projetos, cujo ciclo está estruturado em cinco grupos de processo: iniciação, planejamento, execução, monitoramento e controle e encerramento.
>
> O gerente de projetos é o responsável por estruturar e garantir o sucesso do projeto.
>
> O escopo é definido (por meio da EAP) e suas mudanças são tratadas formalmente (linha de base). É criado cronograma detalhado em cujas tarefas são alocados os recursos necessários e são estimados esforço, prazo e orçamento. Prazo e orçamento também são tratados formalmente através de linhas de base.
>
> O plano de gerenciamento de projeto define, previamente, como as áreas de conhecimento serão tratadas, incluindo as comunicações.
>
> São identificadas premissas e restrições.
>
> São identificados, analisados e tratados os riscos.

Aspectos Metodológicos - 35

> Durante a execução do projeto existem várias atividades de gerenciamento, incluindo seu monitoramento e controle, nas quais a equipe é alocada, capacitada e é feita avaliação do andamento do projeto por meio da técnica de valor agregado.

> **Abordagem ágil:** O Scrum é uma das alternativas mais utilizadas e tem vários relatos de sucesso, principalmente em projetos no qual o escopo sofre mudanças em função da dinâmica do negócio.
>
> Uma vez que não existe o papel gerente de projetos, o gerenciamento é feito pela própria equipe.
>
> Sua utilização depende de alto nível de comunicação e encontra dificuldades quando a equipe não está fisicamente unida.

> **Exemplo:** Funcionários distribuídos em diferentes prédios e/ou andares, fornecedores e parceiros que estão alocados nas respectivas empresas.

11. NÃO UTILIZAR UMA METODOLOGIA

Interpretações incorretas sobre o termo metodologia levam algumas pessoas a concluírem: "em um mundo ideal poderíamos utilizar a metodologia". Declarações como esta são muito comuns, mas é preciso entender que poucos são os gerentes de projetos que vivenciam uma "circunstância ideal". O cenário é parecido para a maioria:

- Prazos predefinidos.
- Escassez de recursos.
- Pessoas com pouca experiência.
- Mudanças na organização.

- Mudanças no mercado.
- Mudanças na equipe.
- Mudanças no escopo do projeto.
- Alocação em outros projetos que estão atrasados.
- Alocação inconsistente das pessoas nos projetos etc.

Falta de tempo é a razão mais comum, mas isto é um equívoco, pois geralmente isso fará com que seja gasto muito mais tempo durante o projeto.

RECOMENDAÇÕES

Fazer Uso Simplificado da Metodologia

A ideia é fazer uso do básico para garantir a execução das boas práticas essenciais recomendadas. Se realmente houver restrição severa (e inegociável) de tempo, o uso simplificado da metodologia pode ser feito de várias formas:

- Utilizar as atividades, técnicas e artefatos obrigatórios.

> OBSERVAÇÃO: Seguir a metodologia não significa "preencher templates", mas executar uma sequência de atividades definida (a mais adequada para a organização naquele momento), aplicando as técnicas mais apropriadas, e utilizando os templates para produzir os artefatos.

- Realizar as atividades da metodologia sem se aprofundar.
- Documentar as informações mais relevantes.

Capítulo 3
Gerente de Projetos

12. ADOTAR SEMPRE UM MESMO ESTILO DE GERENCIAMENTO

O técnico da seleção brasileira é um ótimo exemplo deste erro. O esquema tático pode ter sido adequado com aquele time específico para a Copa das Confederações de 2013, mas como não se aplica em todas ocasiões, o erro ficou bastante explícito durante a Copa do Mundo de 2015.

O ser humano busca se manter na zona de conforto, o que nos leva a fazer as coisas sempre da forma como estamos acostumados. No caso do gerenciamento de projetos isto não funciona. É necessário que o gerente de projetos adote um estilo adequado ao contexto de cada projeto.

O estilo está mais relacionado ao comportamento do que aos aspectos técnicos. Por esta razão, é possível utilizar a mesma metodologia com uma postura completamente diferente.

Projetos diferentes têm contextos diferentes e podem exigir estilos de gerenciamento diferentes. Até o mesmo projeto pode exigir mudança no estilo de gerenciamento durante sua realização, principalmente quando está atrasado, acima do orçamento ou após ter perdido recursos-chave.

É necessário se adaptar!

O estilo a ser adotado pelo gerente de projetos é influenciado por vários fatores:

- O perfil comportamental — algumas características reforçam esta tendência (ex.: arrogância, acomodação, resistência, timidez, receio de inovar etc).

- O histórico de sucesso e fracasso nos projetos anteriores (ex.: se o último projeto foi concluído com sucesso, o gerente de projetos pode ser levado a adotar, automaticamente, o mesmo estilo, sem avaliar o contexto e suas variáveis).

- Feedback recebido pelo gestor ou RH (ex.: "...você sempre concorda com tudo e com todos...") etc.

RECOMENDAÇÕES

Determinar os Fatores de Análise do Contexto

O primeiro passo é **saber o que analisar** em um projeto, para depois definir qual estilo adotar.

Muitos fatores podem ser mapeados, conforme o tipo de mercado em que a empresa opera, os tipos de projeto que são realizados e as características organizacionais. Sempre que possível, é recomendável definir uma escala de valores com critérios objetivos para definição das faixas.

> **Exemplo:** Experiência — baixa (até dois anos), média (de dois a quatro anos), alta (de cinco a sete anos), muito alta (acima de sete anos).

Alguns fatores básicos:

- A **natureza da organização** (ex.: militar, governamental, mercado financeiro, comércio, internet etc.)
- **Aspectos culturais**:
  - *Senioridade* — existem países da Ásia em que o treinador dos times de futebol tem direito de bater nos jogadores com menos idade quando ele considera que suas atuações foram fracas.
  - **Cargo e poder** — há empresas que possuem rígida relação de hierarquia, independentemente do *know-how* técnico e papel assumido.
  - **Equipe** — experiência, perfil comportamental, trabalho em equipe, integração em projetos anteriores, integração no dia a dia, sob a mesma liderança e diretoria.
  - **Características do projeto** — urgência, restrições, dependência de outras áreas, novas parcerias etc.

Definir o Contexto do Projeto

Este é o momento da quantificação, **atribuindo valores** aos atributos mapeados.

A capacidade de observação é o que vai permitir ao gerente de projetos mapear o contexto correto do projeto, do que depende sua decisão sobre o estilo de gerenciamento.

Não se deixe enganar por "cenários conhecidos", pois algumas mudanças importantes podem ter acontecido ou estar acontecendo.

Exemplo: A mesma equipe, alocada em um projeto para a mesma área, pode estar insegura devido a um processo de reestruturação que está acontecendo.

Técnicas: Modelo DISC e Raio X, Diagrama de Bolhas e Gráfico de Ações são exemplos de técnicas que podem ser aplicadas.

Definir o Estilo de Gerenciamento

Avaliar os atributos e seus valores, e **identificar** qual o estilo mais adequado de gerenciamento do projeto.

Em função da natureza deste tema, é recomendável conhecer alguns estilos de liderança para ajudar.

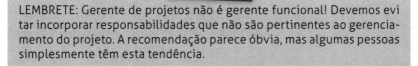

LEMBRETE: Gerente de projetos não é gerente funcional! Devemos evitar incorporar responsabilidades que não são pertinentes ao gerenciamento do projeto. A recomendação parece óbvia, mas algumas pessoas simplesmente têm esta tendência.

Técnicas: Liderança Centrada em Ação, Teoria dos Estilos de Gestão, Teoria do Estilo Básico e Os Três Tipos de Autoridade são exemplos que podem ajudar a identificar estas características do gerente do projeto.

Quando atuamos como gerente de projetos **nosso foco é "o projeto"** e tudo o que está relacionado a seus objetivos.

ITEM	GER. DE PROJETOS	GESTOR FUNCIONAL
Atribuição	Papel *	Cargo
Objetivo	Concluir o projeto com sucesso	Garantir sucesso das atividades da área sob sua responsabilidade
Liderança	Temporária sobre a equipe do projeto	Permanente em relação às pessoas que lidera
Foco	No sucesso do projeto	Nas atividades que sua área é responsável e os colaboradores que lidera

*Obs.: na maioria dos casos, pois em algumas empresas existe o cargo gerente de projetos.

Outras diferenças entre o gerente de projetos e o gestor funcional:

CARACTERÍSTICA	GERENTE DE PROJETOS	GESTOR FUNCIONAL
Responsabilidade sobre a carreira das pessoas	Não	Sim
Autonomia para dar promoção, premiação, punição ou desligamento	Não	Sim
Responsabilidade sobre alocação nas atividades do projeto	Sim	Não *
Responsabilidade sobre alocação nas atividades da área	Não	Sim

*O gerente funcional indica o nome das pessoas conforme a solicitação realizada pelo gerente de projetos: papel, responsabilidades, conhecimento e experiência.

Apesar das diferenças, os modelos de liderança dos gestores funcionais são referências importantes para os gerentes de projetos.

- **Liderança coerciva / autocrática** — o gerente de projetos define a estrutura, a dinâmica, os papéis e responsabilidades, e acompanha os resultados de forma absolutamente direta e intensa (independentemente de cargo, idade, experiência ou características pessoais).

- **Liderança diretiva** — dando certo espaço para a equipe, o gerente de projetos define a estrutura, a dinâmica, papéis e responsabilidades e cobra com certo rigor.

- **Liderança dirigente / liberal** — gerenciamento baseado em diálogo e comunicação, dá direções claras para a equipe, garante motivação por meio de transparência, procura engajar as pessoas dando liberdade para seguir suas orientações.

- **Liderança democrática / participativa** — procura tirar o melhor de cada um e busca consenso para as decisões, faz com que as pessoas se sintam corresponsáveis.

    - **Técnica:** O Compartilhamento das Responsabilidades é uma alternativa das que pode ser empregada para estabelecer este tipo de liderança.

- **Liderança afetiva** — dá mais atenção às pessoas que às tarefas, trata bem dos colaboradores, cria harmonia e um bom clima na equipe.

Conhecer esses (e outros) modelos permite ao gerente de projetos adotar o estilo mais adequado ou definir um modelo híbrido com as características que melhor se apliquem ao projeto.

Associadas ao estilo de gerenciamento e de liderança são referências importantes no apoio à decisão.

13. ACEITAR PASSIVAMENTE UMA EQUIPE INADEQUADA

Nem sempre o projeto conta com um *Dream Team!* Sem a expectativa de ter uma equipe formada apenas por estrelas relativas ao Michael Jordan, Michael Phelps e Neymar da sua área de atuação, o ideal seria contar com pessoas com conhecimento, experiência e perfil adequados à realização do projeto, mas isto "nem sempre" acontece.

Considerando que foi a melhor equipe que a empresa conseguiu alocar, o erro que o gerente do projeto deve evitar é simplesmente aceitar os riscos relacionados à exequibilidade, ou nem levá-los em conta.

Capacitar a equipe faz parte do contexto do projeto, a questão é quanto treinamento é necessário para que uma pessoa possa desempenhar suas tarefas adequadamente.

Exemplo: Treinar um programador com pouca experiência em Java para atuar como o arquiteto de uma solução Java J2EE.

Estas circunstâncias podem ter muitas causas, mas são **radicalmente diferentes** quando se trata da alocação de **funcionários ou subcontratados**.

Quando ocorre a falha na alocação de funcionários, algumas das causas mais comuns são:

- **Indisponibilidade** — os funcionários estão alocados em outros projetos, estão (ou prestes a sair de) de férias ou licença.
- **Conhecimento incompleto** — o funcionário pode ter muita experiência em determinado aspecto e pouca em outro. Isto é particularmente problemático quando deverá assumir mais de um papel no projeto. Ex.: um analista de sistema que conhece muito bem o sistema XYZ, mas não tem muita experiência como programador.

- **Priorização** — projetos com menor prioridade acabam recebendo pessoas com menos conhecimento/experiência.

  Neste caso é selecionado um grupo com o perfil mais próximo do ideal, mas "lacunas" são criadas e podem interferir no sucesso do projeto.

Exemplo: Uma pessoa com pouco conhecimento e experiência no negócio e há pouco tempo na empresa representar a área de negócio no projeto.

Quando ocorre a **subcontratação**, os terceiros alocados sempre deveriam atender aos requisitos do projeto. Isto parece óbvio, pois se estamos subcontratando, devemos contar com as pessoas com o perfil e a experiência necessários ao projeto, certo? Pois é, na prática isto nem sempre acontece. Alguns dos fatores mais comuns que contribuem para esta situação são:

- **Um fornecedor previamente contratado para atender a todos os projetos da área ou da empresa.**

Exemplo: Fábrica de software para área de Tecnologia da Informação.

Neste caso, se não forem consideradas as principais características dos projetos ou não for analisada a projeção das diretrizes do portfólio, alguns projetos não contarão com profissionais com experiência e perfil necessários.

- **Falhas no contrato**

  Situações comuns são os contratos que não possuem um mapeamento/detalhamento adequado do perfil, conhecimento e experiência dos papéis subcontratados, ou cláusula que permita definir um novo perfil no contexto da subcontratação.

Exemplo: Uma fábrica de software especializada em COBOL na plataforma mainframe é contratada para realizar a programação dos códigos nos projetos da TI. Se não estiver prevista em contrato a alocação de outros papéis e experiência em outras plataformas, os novos projetos que utilizarão tecnologia Java não contarão com profissionais qualificados para atuar como arquitetos J2EE, analista para soluções orientadas a objetos, programadores Java/JSP e web designers.

RECOMENDAÇÕES

Conhecer os Papéis e Responsabilidades do Projeto

Se o gerente de projetos não sabe quem (**papéis**) será necessário ao projeto, e quais as **responsabilidades**, não terá condições de identificar eventuais *gaps* de experiência e conhecimento da equipe.

O plano de ação criado para atender ao escopo do projeto é o meio mais simples e direto para identificar quais os papéis necessários e as respectivas responsabilidades.

Obs.: Se o gerente de projetos não tem experiência neste tipo de projeto, sugiro que busque apoio com um especialista.

Técnicas: A Matriz/Tabela de Papéis e Responsabilidades são exemplos que podem ser utilizados.

Conhecer a Equipe do Projeto

É necessário conhecer o perfil e as **competências dos integrantes** da equipe do projeto, saber "quem sabe o que e com que profundidade".

Uma vez que o assunto é mapeamento de competências, é necessário que seja adotada uma abordagem elegante, discreta e despretensiosa, pois devemos minimizar qualquer risco relacionado à integração da equipe.

Quando o gerente de projetos conhece as pessoas da equipe, este mapeamento de competências é muito rápido, pois já sabe quais os conhecimentos possuem, os projetos de que participaram etc., e normalmente terá liberdade para uma comunicação aberta e direta.

Quando a empresa possui um **repositório com as competências** dos colaboradores, o mapeamento é simples e rápido, mas depende da confiabilidade das informações. É recomendável realizar uma atualização para garantir a qualidade do mapeamento.

Em outras situações é necessário realizar um **levantamento das informações** sobre a equipe. A melhor abordagem vai ser definida a partir da avaliação de vários fatores como *senioridade*, experiência no negócio, tempo na empresa, características pessoais e aspectos culturais.

O caminho indireto mais curto costuma ser por meio dos respectivos **gestores funcionais**, pois estes conhecem seus liderados e podem fornecer informações de forma objetiva.

Técnicas: Modelo DISC e Raio X são exemplos que podem ser aplicados.

Realizar uma Análise de Lacunas (GAP analysis)

O mapeamento das lacunas (o que falta ao projeto) é resultado da comparação entre a **experiência/conhecimentos necessários e** a **que** a equipe **possui**.

Este é o momento em que devem ser identificadas quais as competências que não se conseguem elevar a um nível adequado em tempo de projeto. Uma simples planilha permite identificar as competências que são necessárias incorporar ao projeto para que este seja exequível.

Técnicas: Gráfico de Bolhas e Gráfico de Ações são alternativas para visualizar a defasagem dos conhecimentos necessários.

Capacitar a Equipe

Pelo mapeamento de lacunas pode-se identificar quais competências precisam ser expandidas. Devem ser utilizadas as diferentes formas para aumentar o conhecimento da equipe, conforme os respectivos papéis. Ex.: workshop, e-Learning, treinamento presencial, *coaching* e *mentoring*.

O gerente do projeto poderá se deparar com duas dificuldades mais comuns:

- **Incompatibilidade entre as grades de treinamento** predefinidas e o cronograma do projeto.

  Nem sempre a empresa possui turmas agendadas conforme a necessidade do projeto. Isto fará com que seja avaliada a possibilidade de treinamento externo, que gera custo (com características diferentes dos treinamentos internos) e precisa de aprovação. Cabe ao gerente de projetos conseguir esta aprovação, apresentando as informações que a justifiquem — ex: restrição de prazo.

- **Divergência sobre a responsabilidade financeira da capacitação.**

  Pode haver uma certa divergência em relação a qual centro de custo deve pagar pelo treinamento.

  Partindo do princípio que a capacitação é necessária, deveria ser incluída nos custos do projeto, certo? Nem todos concordam. Alguns podem questionar se o custo deveria ser apenas do projeto, visto que o conhecimento será realizado ao colaborador e este o utilizará em suas atividades e em outros projetos.

  Se o gerente de projetos não tiver autonomia para definir este tipo de decisão (e normalmente não tem), isto terá de ser discutido em esfera superior. Por esta razão, o gerente de projetos tem de deixar clara a data a partir da qual esta decisão passa a interferir no prazo do projeto, e seus efeitos (caminho crítico).

Trazer Competências Complementares

Para as competências que não se consegue treinar em nível adequado em tempo hábil, é necessário "**importar**".

O gerente de projetos deve justificar a participação (**temporária ou definitiva**) de um ou mais recursos que complementem o *know-how* faltante.

Reclamar não adianta. Nada melhor que evidências objetivas para fundamentar uma negociação. Um dos caminhos para isto é utilizar a análise de riscos, pois apresenta probabilidade, impacto, causas e quantifica o efeito se não for adotada uma resposta adequada. Utilizar a experiência de projetos anteriores que tiveram problemas de prazo, custo e/ou qualidade em função da falta de *know-how* no projeto é definitivamente um ótimo caminho.

> **Evidências objetivas!** Isto evita que frases de efeito como "confio na capacidade da equipe" sejam os argumentos vagos que definem a negociação.

Esta "participação especial" do especialista não precisa ser durante o dia todo nem durante todo o projeto. De acordo com o conhecimento, sua participação será pontual, conforme o plano de ação. É interessante que tenha três tipos de atuação:

- **Definição** — definir diretrizes e tomar decisões relativas à sua especialidade.

- **Multiplicação** — compartilhar o conhecimento com a equipe, para aumentar a capacidade do grupo.

- **Validação** — garantir os resultados esperados (ex.: desempenho).

14. ACOMPANHAMENTO INADEQUADO DO FORNECEDOR

Acompanhar o fornecedor é essencial, mas o problema é quando isto é realizado por meio de imersão.

Alguns gerentes de projetos ficam **tempo demasiado no fornecedor** acompanhando o que está sendo feito, deixando mínimo tempo para as outras responsabilidades de gerenciamento, incluindo a gestão das partes interessadas e de outros subprojetos conduzidos por áreas internas.

50 - Campo Minado em Projetos

As empresas normalmente conseguem identificar necessidades e oportunidades no contexto dos projetos que favoreçam o fornecimento externo, tomando decisões acertadas em relação à subcontratação:

- Falta de *know-how*.

- Falta de experiência.

- Indisponibilidade de recursos.

- Relação "custo x benefício" favorável etc.

Mas saber tomar esta decisão não é o suficiente para garantir que este fornecimento seja realizado adequadamente, o que depende da qualidade do monitoramento.

Isto ocorre por várias razões:

Falta de experiência

Tudo o que é novo gera riscos. O gerente de projetos pode ter bastante experiência em outras áreas de conhecimento (ex.: escopo, prazo, custos), mas se ainda não vivenciou o gerenciamento de fornecimento externo, vai enfrentar o desafio da novidade.

Erro de avaliação

As empresas que consideram o cargo, o tempo de empresa, a capacidade de comunicação e o número de projetos que o gerente de projetos gerenciou não está atentando para o principal: a experiência relacionada ao fornecimento externo.

Capacitação

Para lidar com a novidade, o básico é a transferência de conhecimentos e experiências por meio de treinamento, *mentoring* ou *coaching*. Se o gerente de projetos lida pela primeira vez com a gestão de fornecimento sem ter recebido esta "bagagem inicial", vai enfrentar vários desafios e provavelmente ter dificuldade com a maior parte deles.

Cultura organizacional

A empresa pode ter maturidade na seleção de fornecedores, mas isto não significa que serão gerenciadas de forma adequada nos projetos. A falta de prioridade nesta questão pode levar a empresa a vivenciar experiências catastróficas em projetos de alta prioridade.

- **Metodologia**

  As definições metodológicas normalmente são referências importantes para aqueles que não têm experiência no assunto, pois encontram uma diretriz que determina atividades, técnicas, orientações e modelos de artefato.

- **Falta de controle**

  Alguns gerentes de projetos vivenciam uma situação de fragilidade frente a determinados fornecedores, pois são praticamente ignorados quando solicitam informações sobre o andamento do trabalho. Em função de sentir a falta de controle, decide "estar mais próximo" ao fornecedor.

RECOMENDAÇÕES

Proatividade

Esta postura, essencial ao gerente de projetos, mais uma vez se faz necessária pois ele/ela deve procurar informações (em diferentes canais) que definam um direcionamento sobre a gestão de fornecimento externo.

Buscar Informações

As metodologias com maior nível de maturidade apresentam informações relacionadas ao gerenciamento de fornecimento externo.

Esta é a primeira referência que o gerente de projetos deve procurar, pois a **metodologia** de gerenciamento de projetos define atividades, sugere técnicas, apresenta orientações e diretrizes, indica modelos de artefatos, sugere ferramentas de apoio, compartilha lições aprendidas e outros elementos de interesse.

O gerente de projetos deve **avaliar se o projeto tem características especiais** que não são totalmente cobertas e/ou esclarecidas, pois pode ser necessária a definição de ajustes.

Se a metodologia não apresentar informações relativas ao gerenciamento de fornecimento externo, devem ser pesquisados outros canais, conforme o contexto organizacional:

- **Portal do escritório de projetos**

  Este é o principal canal de compartilhamento de informações para a comunidade de gerentes de projetos nas empresas que mantém as publicações com regularidade.

- **Escritório de projetos**

  É sempre sua primeira opção natural em relação ao tema, pois é a área responsável pela definição e manutenção das metodologias, capacitação e gestão do conhecimento relacionados ao tema gerenciamento de projetos.

- **Gestor funcional**

  Tem mais experiência e visão corporativa, podendo apresentar os esclarecimentos necessários ou indicar o caminho das pedras para encontrar quem pode esclarecer.

- **Áreas de apoio**

  Unidades de negócio, áreas ou departamentos que podem fornecer informações relevantes à gestão de fornecimento.

Capacitação

O ideal é receber capacitação antes de assumir as respectivas responsabilidades. Isto pode ser realizado de diferentes formas:

- e-Learning.
- Webinar.
- Treinamento a distância.
- Treinamento presencial.
- *Mentoring.*
- *Coaching.*

Este não é um tema em que as pessoas simplesmente são inscritas em um curso, pois é necessário que exista um alinhamento com as diretrizes organizacionais. Por esta razão, o gestor funcional e o escritório de projetos são pontos de apoio importantes para garantir que a capacitação seja adequada.

Troca de Experiências

Conversar com gerentes de projetos que já vivenciaram fornecimento externo em seus projetos é sempre útil.

Além das diretrizes organizacionais, podemos ter acesso às **lições aprendidas**, incluindo as iniciativas de sucesso e insucesso.

Obs.: Isto é essencial aos gerentes de projetos que não conseguiram receber a capacitação necessária.

Estabelecer a Autoridade

O gerente de projetos deve ter autoridade **formalmente definida junto ao fornecedor**, para que consiga, dentre outras coisas, obter as informações que solicita.

Deve ser feito por alguém de maior nível hierárquico. Em situações em que este gestor (gerente, superintendente ou diretor) não tem a iniciativa, cabe ao gerente de projetos solicitar que seja feito, esclarecendo ao fornecedor a autonomia que está sendo delegada.

Estabelecer um Canal de Comunicação Formal

Uma vez que o fornecedor terá de apresentar informações periodicamente, é necessário que seja definido qual o canal em que isto será realizado. Em algumas situações é preciso que sejam realizados ajustes nas regras gerais, permitindo o tráfego completo de informações.

 Exemplo: Regras de segurança no servidor de e-mail que bloqueiam anexos de determinados tipos e/ou tamanhos.

Formalizar as Expectativas

Não é justo cobrar algo de alguém se não foi solicitado. Por esta razão, é necessário que o fornecedor conheça os padrões que deve seguir, o modelo de qualidade que deve ser aplicado, as metodologias, técnicas e ferramentas que devem ser utilizadas, e outros elementos que garantam perfeito alinhamento e reduzam o risco do trabalho remoto.

 Técnicas Valor Agregado, Teoria da Determinação de Metas e Metas Smart são exemplos que podem ser aplicados.

Estabelecer um Processo de Acompanhamento

Isto é absolutamente **essencial**!

O gerente de projetos não precisa "estar no fornecedor" para saber o que está acontecendo. Basta que sejam definidos mecanismos que apresentem as informações necessárias sobre o andamento das atividades de responsabilidade do fornecedor.

Isto inclui o que será solicitado, quando e o que deve ser apresentado, sendo mais simples ou mais complexo conforme a natureza das entregas.

Alguns projetos são mais simples de acompanhar a evolução. Um exemplo típico são os projetos de construção civil, pois o andamento é visível, facilmente quantificado.

 Exemplo Metros quadrados de construção, altura das paredes, número de portas e janelas instaladas.

Outros projetos são mais complexos de monitorar e exigem um processo mais elaborado para avaliar o andamento das atividades.

Acredito que a forma mais simples de definir o método de monitoramento é observar o processo de criação das entregas, a partir do qual identificar etapas/fases e produtos intermediários. O uso de marcos (*milestones*) é recomendável para definir os pontos em que os produtos intermediários devem estar concluídos de controle, prática particularmente importante em Etapas/Fases mais longas.

Exemplo

Um projeto de TI que deve produzir 21 novas funcionalidades para um sistema de corretagem de ações. O fornecedor deve seguir a metodologia de desenvolvimento de sistemas de nossa empresa (restrição), a qual adota abordagem iterativa com as etapas Análise, Desenho, Construção, Testes, Homologação e Implantação (as últimas duas realizadas para todas as entregas da iteração).

Além da óbvia definição de marcos para o final de cada uma das etapas, o que precisa ser feito, para garantir ao gerente de projetos um monitoramento mais preciso e evitar a imersão no fornecedor, é definir marcos intermediários em cada uma das etapas/fases.

No caso da etapa/fase Análise, poderíamos definir os marcos:

- Requisitos especificados: descrição da regra de negócio das funcionalidades, requisitos não funcionais e o protótipo das telas aprovados.
- Análise de dados concluída: modelo lógico de dados aprovado.
- Análise de domínio concluído: modelo de domínio aprovado.

Técnicas

Valor Agregado permite acompanhar o progresso por meio do relato do percentual de completude e horas/custo gastos das atividades, com o qual se consegue avaliar o status dos marcos. Solicitando os produtos intermediários, a equipe pode avaliar se está com a qualidade desejada.

Estabelecer Penalizações

Se o contrato já inclui penalizações relacionadas a qualidade e prazo, ótimo. Caso contrário, o ideal é verificar a possibilidade de incluir essas cláusulas, pois tiram o fornecedor da zona de conforto e o obrigam a trabalhar conforme planejado.

Obs.: Em função de diversas variáveis, isto nem sempre é possível, porque envolve questões maiores que o projeto. Mas vale a pena avaliar se é viável.

15. GERENCIAR SUBCONTRATADOS DE FORMA INADEQUADA

Respeito todos merecem, sempre!

Infelizmente observei pessoas que nem "bom dia" recebiam de certos gestores só porque eram subcontratados. Considero este tipo de atitude um enorme desrespeito, além de uma forma ridícula de imposição de autoridade.

Em projetos, podemos ter o envolvimento de um (ou mais) fornecedores, com participações diferenciadas:

- Subcontratação fora das dependências da empresa.
- Subcontratação com participação de alguns recursos nas dependências da empresa.
- Alocação de recursos nas dependências da empresa etc.

Lembrando que todos merecem respeito, **em termos gerenciais existem diferenças significativas** que o gerente de projetos deve conhecer, caso contrário ele/ela pode, com a melhor das intenções, cometer erros que penalizem a empresa.

Exemplo: Dar feedback para os colaboradores da equipe do projeto.
Algo que parece inofensivo e recomendado para aumento do desempenho da equipe, se realizado para subcontratados pode gerar processo trabalhista por caracterizar vínculo empregatício.

Funcionários são colaboradores internos (com contrato CLT) que, em estrutura funcional, são alocados em uma certa área, sob a responsabilidade de um gestor, e submetido às regras da área de recursos humanos.

Subcontratados são colaboradores de outras empresas alocados em um ou mais projetos[*], portanto uma alocação temporária. São contratados por meio de uma empresa e estão submetido às regras do contrato de fornecimento.

---

[*] Nesta questão não me refiro às alocações em operações, cuja semântica e contrato são diferentes dos projetos

Apesar de serem liderados pelo gerente do projeto, possuem um gestor funcional em sua própria empresa.

Em resumo, subcontratado não é funcionário e não podem ser aplicadas algumas práticas utilizadas com os colaboradores internos.

RECOMENDAÇÕES

Informar-se!

Fazendo uso da proatividade, o gerente de projetos precisa conhecer o que deve/pode fazer em relação aos subcontratados, e o que não deve/pode.

Existem algumas restrições comuns a todas as empresas, mas outras são definidas em cada organização devido à natureza do negócio, legislação e normas às quais está sujeita pelos órgãos reguladores e características especiais. Por esta razão, mesmo gerentes de projetos com experiência nesta questão (porque gerenciaram projetos com subcontratação em outra empresa) precisam **identificar as diretrizes e restrições da empresa** em que trabalham atualmente, pois podem haver diferenças.

Em empresas com maior maturidade neste assunto, o gerente de projetos provavelmente terá acesso aos documentos que especificam claramente essas diferenças por meio de diferentes mecanismos nas respectivas áreas responsáveis.

Exemplo
- Portal do escritório de projetos.
- Portal do RH.
- Portal de fornecimento.
- Repositório corporativo.
- Repositório departamental etc.

Se não for o caso, o gerente de projetos deverá encontrar a pessoa com quem conversar para obter as informações. Os candidatos primários naturais são:

- **Gestor funcional** — por ter mais experiência e visão mais abrangente da empresa.

- **Escritório de projetos** — é responsável pelo tema "projetos" na empresa, mesmo que a área de conhecimento Aquisições ainda não esteja incorporada à metodologia.

- **Outros gerentes de projetos** — outros colegas podem ter o conhecimento necessário, mesmo que tenham menos experiência que você.

Se não tiverem a informação, **poderão indicar o caminho das pedras**, contribuindo para a identificação da "pessoa certa" com quem conversar.

Atualizar o Plano e a Documentação do Projeto

As informações fornecidas pela área responsável devem ser incorporadas ao projeto.

Atenção à visibilidade das informações, pois algumas delas são para uso exclusivo de funcionários.

Garantindo a "visibilidade adequada" das informações, pode ser necessário:

- Incluir restrições, premissas e/ou novas partes interessadas.

- Incluir atividades no cronograma, ajustar estimativas, incluir marcos.

- Aprovações de maior nível hierárquico.

- Novas comunicações.

- Gestão de novos riscos.

- Alterar os planos subsidiários: RH, Comunicação, Aquisições, Partes interessadas etc.

- Entre outros.

Compartilhar a Informação

Sou adepto da ideia apresentada no filme *Corrente do bem* (2000, dirigido por Mimi Leder, com Kevin Spacey, Helen Hunt e Haley Joel Osment), na qual **a predisposição em ajudar, sem interesse pessoal, melhora a vida de todos**.

A comunidade de gerentes de projetos vivencia problemas parecidos e todos passam por dificuldades similares (senão as mesmas). Por que não compartilhar informações que podem ajudar a vida dos colegas?

Não é pretendendo o bem próprio que devemos pensar em ajudar, mas nós mesmos seremos beneficiados se outros gerentes de projetos fizerem a mesma coisa. A única preocupação é ter certeza de que a publicação será feita de forma adequada: estrutura, conteúdo, e local, considerando o público que tem acesso à informação e, principalmente, com aprovação da pessoa ou área responsável.

16. NÃO ESCLARECER DÚVIDAS SOBRE O GERENCIAMENTO DE PROJETOS

Começar a gerenciar um projeto sem ter o devido conhecimento gera riscos ao projeto!

Parece estranho nomear um profissional para um papel que exige responsabilidades nas quais ele não tem experiência. Mas acontece...

Mais estranho é nomear um colaborador inexperiente como gerente de um projeto com significativo nível de complexidade. Mas acontece...

Pior ainda é este gerente de projetos não buscar aumentar seu *know-how* para reduzir os riscos do projeto. Mas acontece...

É inimaginável pensar que os riscos gerados pela falta de conhecimento e experiência do gerente de projetos não são tratados. Mas acontece.

Esta corrente é uma boa receita ao insucesso. Lembrando do clássico do AC/DC, uma verdadeira *Highway to hell!*

60 - Campo Minado em Projetos

Mas o que leva o gerente de projetos a não buscar esclarecimentos?! Este cenário pode ocorrer por várias razões, dentre elas estão aspectos organizacionais e comportamentais:

- **Aspectos Organizacionais**:

  - **Aspectos culturais:**

    Se a empresa tem uma cultura que considera apenas o cargo como principal fator para avaliação de competência.

    O resultado é que um profissional com muita proficiência em sua atividade cotidiana será visto como um gerente de projetos com a mesma competência.

  - **Aspectos políticos:**

    Se a empresa possui uma política de avaliação que penaliza os colaboradores que buscam "ajuda", pois considera uma fraqueza, inibe qualquer iniciativa de aprimoramento.

  - **Gestão do conhecimento:**

    Se a empresa não possui mecanismo e cultura de gestão de conhecimento, pode simplesmente não apresentar meios adequados de apresentar as informações necessárias. A existência do escritório de projetos elimina esta questão, dependendo de seu nível de maturidade.

- **Aspectos Comportamentais**:

  Questões relacionadas ao ego levam a pessoa a se considerar um ser melhor que os demais e não acreditar que outros (com menos experiência geral) possam agregar. Orgulho e arrogância são exemplos dos fatores que levam a esta postura.

RECOMENDAÇÕES

Ter Humildade

Qualquer iniciativa que busca aprendizado parte da premissa de que não somos perfeitos e **sempre temos algo a aprender**. Pensando desta forma, o gerente de projetos deve se conscientizar de que:

- Sua grande experiência nas atividades do dia a dia pode ajudar no projeto, mas lhe falta o principal, conhecimento sobre o gerenciamento de projetos.

- Procurar por ajuda não é sinal de fraqueza, mas de maturidade e responsabilidade para com o projeto (e a empresa).

Isto significa que o colaborador poderá receber orientações de alguém muito mais jovem, com pouco conhecimento sobre a organização, mas com bastante conhecimento sobre a metodologia de gerenciamento de projetos, e isto é o que importa.

Técnicas: Janela de Johari, Modelo DISC e Raio X podem ser aplicadas para conhecer suas características sobre o eixo Humildade—Arrogância.

Conhecer a Metodologia

O escritório de projetos define a metodologia de gestão de projetos baseado em *know-how*, na disciplina, aliado ao conhecimento sobre as características organizacionais, criando a versão "mais adequada para a empresa naquele momento".

Cada empresa decide como comunicar as informações sobre sua metodologia, mas geralmente realiza publicação através de mecanismos que facilitam à comunidade de gerentes de projetos.

Lembrando que "metodologia não é sinônimo de preencher documentos", o gerente de projetos deve buscar essas informações e conhecer detalhadamente a metodologia, esclarecendo qualquer dúvida sobre a estrutura, atividades, técnicas, ferramentas ou artefatos.

Importante não realizar um "conhecimento em ondas", em que se buscam apenas algumas informações agora e outras depois, pois isto pode gerar graves erros no planejamento e comprometer os objetivos do projeto.

Esclarecer as Dúvidas

Uma vez estudada a documentação da metodologia, o gerente de projetos não pode seguir adiante se tiver alguma dúvida, pois as repercussões no projeto podem ser severas (e muitas vezes muito difíceis de reverter).

Devem ser pesquisados os canais nos quais estas dúvidas podem ser esclarecidas como portal do escritório de projetos, fórum, perguntas mais frequentes, arquivos-texto com esclarecimentos, e-mail ao escritório de projetos etc.

Conversar com outros gerentes de projetos é sempre recomendável, apesar de ser um canal informal. A sinergia entre colaboradores da mesma comunidade é sempre proveitosa.

Realizar Ajustes Metodológicos

Por mais que o escritório de projetos se esforce, pode surgir um projeto com características especiais para as quais a metodologia não atenda adequadamente.

Tendo certeza de que a metodologia realmente não está formatada de modo adequado ao projeto, o gerente de projetos deve pesquisar se a própria metodologia não fornece diretrizes de ajustes que satisfaçam ao projeto. Se não houver, deve-se procurar o escritório de projetos para que os especialistas analisem o contexto e forneçam as orientações convenientes de adaptação.

> **Exemplo**
>
> A metodologia de gerenciamento de projetos estabelece que o monitoramento do progresso do projeto deve ser feito aplicando a técnica de Valor agregado, na qual tudo é convertido em dinheiro.
>
> Por razões especiais, no projeto que o Zé gerencia não será possível utilizar unidade monetária como referência.
>
> A metodologia já indica que, nesses casos, tudo pode ser convertido em esforço, e o controle passa a ser feito por meio das horas do projeto.

Validar a Aplicação da Metodologia

Entendida (e eventualmente customizada) a metodologia, o gerente de projetos pode se sentir inseguro em relação a determinados elementos metodológicos como atividade, técnica, artefato etc.

Neste caso, o gerente de projetos deve buscar a validação com profissional mais experiente para **ter certeza de que aplicou corretamente** o elemento metodológico, evitando o efeito bola de neve (em que um erro leva a outro, que leva a outro etc.).

> OBSERVAÇÃO: A sugestão não é solicitar que alguém mais experiente faça, mas que alguém mais experiente verifique se foi feito corretamente.

- **Mapeamento de riscos** — validar a consistência da declaração, a granularidade (se não é um risco minúsculo ou gigante) ou a definição da resposta.
- **Construção da EAP** — validar se foi utilizado o tipo mais adequado, se está completa e consistente.

17. INCORPORAÇÃO INCONSCIENTE DAS MUDANÇAS NAS METODOLOGIAS

Como tudo no universo, a empresa está em contínuo movimento. Isto significa que coisas no contexto do projeto podem ser alteradas.

Uma das mudanças que podem ocorrer durante o andamento do projeto é a publicação de uma nova versão de alguma metodologia utilizada no projeto. As mudanças podem ser pontuais ou bem dramáticas, podendo gerar nenhum, pouco ou muito impacto ao projeto.

- Incorporação de uma nova técnica em determinada atividade.
- Um determinado artefato passa a ser obrigatório.
- Mudanças no procedimento de homologação.
- Substituição de ferramenta (software) etc.

Quando divulgada uma nova versão de uma metodologia, a área mantenedora inicia esforço para que todos os projetos estejam aderentes. Ser resistente às mudanças é muito ruim, mas adotar a mudança sem **avaliar se é** adequada ao contexto do projeto também não é **recomendável...**

Projeto está em seu último mês, finalizando a homologação das entregas da última iteração. A metodologia de gerenciamento de projetos sofre uma alteração na qual foram adotadas duas técnicas novas para o planejamento e um artefato do planejamento passou a ser obrigatório.

A leitura das mudanças indica que as novas mudanças não deveriam ser aplicadas ao projeto em questão, dado o momento em que o projeto está.

O mesmo ocorre com as metodologias utilizadas pelo projeto na criação das respectivas entregas.

RECOMENDAÇÕES

Avaliar o Impacto da Mudança

Em certas ocasiões, as mudanças da nova versão **nem afetam o projeto**.

O "diagrama de sequência" passou a ser obrigatório na nova versão da metodologia de engenharia de software.

No projeto em andamento, a equipe já havia decidido por sempre criar este artefato e o cronograma foi criado considerando estas atividades.

Em outras situações, as mudanças da nova versão geram um **impacto muito pequeno**, seja pela mudança em si ou pelo momento em que o projeto está.

Gerente de Projetos - 65

Exemplo: A metodologia de gerenciamento de projeto passou a adotar o Gráfico de envolvimento das partes interessadas. O projeto está no início do planejamento e pode incluir o uso desta técnica sem gerar impactos significativos.

O pior dos cenários é aquele em que as mudanças da nova versão geram um **impacto muito grande** ao projeto.

Exemplo: A metodologia de criação das entregas substituiu a ferramenta utilizada até o momento e montou uma agenda de treinamentos internos. A ferramenta em uso até o momento será desativada em trinta dias. Como a equipe do projeto não tem experiência com esta nova ferramenta, deverá ser treinada.

O prazo pode ser afetado em função de três fatores: o tempo dedicado ao treinamento, o calendário de treinamento e a curva de aprendizado, em decorrência do esforço estimado para realização das atividades relacionadas à ferramenta estar subdimensionado até que a equipe atinja o nível atual de produtividade.

Implementar as Mudanças que Não Geram Impacto Significativo

Algumas mudanças não geram grande impacto no projeto, dependendo de sua natureza, elementos relacionados e o momento em que o projeto está.

Se este for o caso, nada melhor que aderir à metodologia o quanto antes.

Negociar a Implementação das Mudanças Inviáveis

Isto exige habilidades muito específicas do gerente do projeto, pois deverá apresentar argumentos que esclareçam (inquestionavelmente) que o projeto não tem condição de implantar determinadas mudanças.

OBSERVAÇÃO: É importante que isto não se confunda com um subterfúgio para desobrigar o projeto na aderência da nova versão da metodologia.

Uma vez que a evolução das metodologias surge para trazer benefícios, a ideia é aderir sempre que possível.

Vários fatores do contexto do projeto podem ser utilizados para esclarecer o impedimento na aderência da nova versão.

- O projeto tem restrições de data, com penalizações, está 20% atrasado e, para concluir no prazo, foram feitas otimizações no plano de ação e aprovadas dez horas extras por semana para cada funcionário da equipe.
- O projeto não consegue adotar a nova ferramenta, pois as entregas estão sendo produzidas por um fornecedor e, no contrato, foi definido (e aprovado) que utilizaria uma outra ferramenta.
- O projeto está no último mês e está em fase de homologação das últimas oito entregas. As mudanças da nova versão da metodologia de criação das entregas exigiriam 540 horas para refazer as 26 entregas do projeto. Como utiliza subcontratados na equipe, implementar as mudanças exigiria um orçamento adicional de R$ 37.800, de que nem o projeto nem a área solicitante dispõem.

Esta recomendação é apenas a aplicação do **BOM SENSO**!

Como normalmente as mudanças nas metodologias preveem este tipo de cenário, cabe ao gerente de projetos justificar a opinião da equipe de forma clara, objetiva e respeitosa.

18. GERENCIAMENTO INADEQUADO DOS SUBPROJETOS

"Dividir para conquistar", em versão adaptada para projetos.

Este conceito foi utilizado com aplicação política e militar há muito tempo com objetivo de romper estruturas e fragmentar concentrações de poder. Visto que não existe um inimigo a ser derrotado, a aplicação do conceito em projetos tem um propósito bem diferente do utilizado por César, Napoleão e sugerido por Maquiavel: simplificar o gerenciamento.

Mas este não é o único motivo. Nas empresas, os subprojetos também são definidos por outras razões:

- **Estrutura**

  A responsabilidade de determinadas áreas implica seu envolvimento nos projetos para realizar determinadas atividades e produzir determinadas entregas ou produtos intermediários.

- **Especialização**

  Áreas que detêm mais *know-how* relacionado a determinados assuntos.

- **Decisões estratégicas ou táticas**

  Definições da organização em relação a determinadas naturezas de entrega, podendo direcionar sua criação a áreas internas ou parceiros.

- **Falta de recursos internos**

  A terceirização é alternativa adequada em inúmeras situações, inclusive quando há indisponibilidade de funcionários para os projetos.

Mas, apesar de facilitar o gerenciamento, os subprojetos podem gerar riscos de diferentes naturezas: técnicos, humanos, políticos, culturais etc.

O problema ocorre quando o gerente de projetos falha na definição, monitoramento e/ou controle dos subprojetos, aumentando as chances de insucesso.

RECOMENDAÇÕES

Realizar uma Definição Adequada

Independentemente da razão que gerou o subprojeto, é essencial que o gerente de projetos garanta que ele seja bem definido: **objetivo, requisitos, envolvidos e plano de ação**, deixando bem claro que faz parte do projeto.

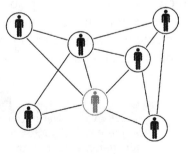

É sempre recomendável definir papéis e responsabilidades. No caso dos subprojetos, é importante definir um **PONTO FOCAL**, a pessoa que represente aquela área no projeto e seja responsável pelas comunicações.

Estabelecer a "**parceria**" é muito saudável. O gerente de projetos, visando evitar que o trabalho do subprojeto simplesmente pare em algum momento, pode se colocar à disposição para ajudar no tratamento de dependências externas e de outras questões que possam impactar o bom andamento.

Lembre-se que, para a área responsável pelo subprojeto, é "apenas mais um trabalho", mas é o gerente do projeto que será cobrado pelo resultado do projeto!

Se ainda não foi feito, este pode ser o momento propício para realçar a cultura de gestão de riscos com a área responsável pelo subprojeto, esclarecendo conceitos e a dinâmica utilizada no projeto, agendando (o quanto antes) reunião para mapear os riscos relativos ao subprojeto.

Realizar um Planejamento Consistente

O cronograma do projeto deve incluir seus subprojetos, mas a forma com que isto acontece depende do nível de maturidade da empresa e do software utilizado para gerenciamento dos projetos.

O projeto tem um único cronograma, independentemente do número de subprojetos! A questão é **onde e como estes são mantidos fisicamente**.

Nas empresas que utilizam software gerenciador de projetos corporativos, o cronograma é mantido pelo gerente do projeto, mas dá abertura aos pontos focais detalharem os subprojetos. Em outras palavras, o cronograma é fisicamente o mesmo, mas sua manutenção é compartilhada entre o gerente de projetos e os pontos focais.

> OBSERVAÇÃO: Naturalmente existem limitações nas manutenções permitidas aos pontos focais para garantir consistência no controle pelo gerente de projetos.

Nas empresas que não utilizam esses softwares, o cronograma acaba sendo mantido fisicamente em locais diferentes, às vezes em softwares diferentes. Isto significa que o gerente de projetos e as áreas responsáveis pelos subprojetos mantêm "seus cronogramas" em granularidade diferente.

O cronograma do projeto, gerido pelo gerente do projeto, pode manter uma macroatividade (ou algumas, dependendo do contexto) a ser realizada no subprojeto, com indicação do esforço, prazo e orçamento, alocando o nome do ponto focal da área.

A área responsável pelo subprojeto manterá um cronograma detalhado com as atividades, dependências, pessoas alocadas etc.

Neste cenário, o que precisa ser garantido é a consistência entre os dois cronogramas, de forma que o cronograma do projeto reflita devidamente o trabalho a ser realizado no subprojeto.

Definir um Mecanismo de Controle

Uma vez que o gerente de projetos deve acompanhar o andamento do trabalho realizado nos subprojetos, é importante que seja estabelecido (no início) um mecanismo para monitorar o progresso do trabalho, minimizando desconfortos futuros.

Exercitando as **habilidades de comunicação**, é essencial deixar claro que o objetivo é acompanhar a evolução do trabalho (monitoramento), ter informações para comunicar a evolução do projeto e prestar auxílio quando necessário (controle).

A forma mais simples é a utilização de **marcos** (*milestones*), os quais permitirão ao gerente de projetos acompanhar se o trabalho evoluiu conforme planejado. Quão mais frequentes, melhor será o nível de monitoramento.

Se no "cronograma do projeto" constar apenas uma tarefa relativa ao trabalho a ser realizado no subprojeto**, isto também será de grande valia para mensurar o percentual de completude da atividade.

**Vide recomendação *Realizar um planejamento consistente*.

Gerenciar o Comprometimento

Este aspecto está relacionado à priorização dada pela equipe responsável pelo subprojeto.

Uma vez que técnicas como Teoria da determinação de metas ou Metas Smart foram utilizadas, o mecanismo de acompanhamento definido permite avaliar eventuais relações entre problemas no desempenho e comprometimento.

Veja os detalhes no Paradigma 9 — *Considerar que todas as áreas envolvidas darão a mesma prioridade para o projeto.*

Capítulo 4

Aspectos Comportamentais

19. CARACTERÍSTICAS COMO TIMIDEZ E REATIVIDADE NÃO AFETARÃO O GERENCIAMENTO DO PROJETO

Gerenciamento de projetos é uma disciplina que exige comunicação e proatividade.

Não há nada errado em ser tímido, mas se esta característica for muito proeminente pode criar empecilhos para o gerente de projetos, pois este **se comunica em** aproximadamente **90% do tempo**.

Algumas pessoas têm um perfil reativo, muitas vezes relacionado com um alto nível de timidez. Outras pessoas tiveram uma formação profissional que as levou a desenvolver um perfil reativo. O gerente de projetos deve sempre estar a frente do tempo. As próprias práticas de gerenciamento de risco denotam esta definição: prever e tratar riscos a lidar com problemas. Gerentes de projetos com perfil reativo acabam estimulando (até inconscientemente) a equipe a atuar da mesma forma. O resultado: lidar com problemas.

RECOMENDAÇÕES

Antes de Qualquer Coisa, É Importante Lembrar:
- Mudar é difícil!
- A responsabilidade da evolução comportamental é do gestor do recurso e não do gerente de projetos.

Timidez e reatividade não são resolvidas em tempo de projeto, mas podem ser minimizadas por meio de técnicas e da cultura implantada na equipe pelo gerente de projetos.

1º Passo: Se Conhecer e Conhecer as Pessoas da Equipe

Não é necessário um mapeamento formal de competências feito pelo RH, mas um mapeamento informal das **principais características** do gerente de projetos e de cada pessoa-chave da equipe.

O gerente de projetos pode realizar uma **autoavaliação**, podendo solicitar validação para outro colaborador (preferencialmente de fora do projeto) mais experiente, que tenha o legítimo interesse em ajudar.

Quanto aos membros da equipe, o gerente de projetos pode realizar a avaliação por meio de **observação**, utilizando técnicas simples que relacionam as características e critérios para definir níveis.

Se não conhecer a equipe, pode conversar com o gestor de RH ou com gerente de projetos que tenha participado da equipe anteriormente, desde que a conversa seja conduzida de forma apropriada (ninguém gosta da saber que está acontecendo uma "investigação" sobre si).

 Técnicas | Modelo DISC e Raio X são exemplos que podem ser aplicados.

2º Passo: Desenvolver (ou Aumentar) a Proatividade

Quão maior for o nível de reatividade, maior a necessidade de aplicar técnicas.

Considero essencial a comunicação com a equipe sobre a proatividade, oferecendo exemplos de situação e ações adequadas. Isto pode ser feito com a equipe toda ou individualmente. No caso de grupos (ex.: analistas) é interessante indicar esta preocupação com o ponto focal, compartilhando a responsabilidade.

A criação de listas de checagem (checklist) ajuda muito, pois apresenta formalmente as ações que devem ser realizadas.

As reuniões diárias também são importantes para identificar posturas inadequadas e, sem penalizar ou deixar a pessoa em situação delicada, exercitar ações que podem ser feitas se o problema voltar a ocorrer. Isto vai alimentando a mudança cultural de uma maneira positiva.

Técnicas: Checklist, Compartilhamento de Responsabilidades, Matriz/Tabela de Responsabilidades, As Funções de Gerenciamento, Teoria de Determinação de Metas, Metas Smart, Estilos de Gerenciamento, Modelo de Desempenho da Equipe, Teoria de Motivação e Higiene e Técnicas de Persuasão podem ser aplicados (individualmente ou em conjunto).

3º Passo: Acompanhar

O acompanhamento é necessário e varia conforme as pessoas envolvidas.

Em termos de ciclo de vida, deve ser mais intenso no início do projeto para garantir que a postura está adequada às características do projeto. Caso a postura não esteja adequada, é importante perceber se é uma característica geral do grupo ou de alguns indivíduos.

Se for do grupo, pode denotar diferentes tipos de resistência (ex.: ao gerente de projetos, à metodologia, fatores externos etc). Neste caso, o gerente de projetos deve **reavaliar** os motivos do **insucesso** no passo anterior e **rever sua estratégia**. Pode ser necessário solicitar apoio de pessoas com mais experiência ou até de áreas especializadas.

Se for individual, entende-se que a mudança não ocorreu pontualmente. Neste caso, o gerente de projetos deve optar por uma abordagem corpo a corpo, conforme as características de cada pessoa, procurando entender as razões do insucesso e mudar a estratégia para que consiga levar essas pessoas à postura adequada.

20. POSSO MUDAR ASPECTOS COMPORTAMENTAIS DA EQUIPE DURANTE O PROJETO

Cada tipo de entrega exige conhecimentos específicos. Em um projeto de construção civil são necessários: arquiteto, engenheiro, pedreiro, eletricista, encanador etc. Em um projeto de sistemas de informação, analista de requisitos, analista de dados, arquiteto, programador, analista de testes etc. Esses papéis possuem responsabilidades no processo de criação das entregas e exigem conhecimentos técnicos.

Se uma pessoa alocada no projeto não possui algum conhecimento técnico exigido pelo papel que assumirá, o projeto deve providenciar a capacitação necessária.

Quanto aos aspectos comportamentais, é necessário **orientar as pessoas em relação a determinados aspectos relevantes** da organização para que elas tenham uma postura adequada. Mas isto **não significa ter a responsabilidade de providenciar a evolução das características comportamentais de seus participantes**. Isso é responsabilidade do gestor funcional, pois ele zela pela carreira dos funcionários que estão sob sua liderança.

Alguns gerentes de projetos, com a melhor das intenções, acreditam que é possível dar alguma orientação para determinados integrantes da equipe para que sejam aprimorados alguns aspectos comportamentais. Apesar da boa vontade, é necessário lembrar alguns fatores importantes:

- Não está no escopo de atuação do gerente de projetos.

- Algumas práticas não podem ser realizadas com subcontratados, devido aos riscos relativos ao contrato de prestação de serviço com o fornecedor.

- Mudar (de verdade) é difícil. Aqueles funcionários possuem certos pontos a desenvolver há anos e seu gestor funcional (com conhecimento, capacitação e apoio do RH) ainda não conseguiu promover a mudança. Quais as chances disso acontecer durante o projeto?

RECOMENDAÇÕES

Conhecer o Know-how e Características Pessoais das Pessoas que Fazem Parte da Equipe

O gerente de projetos deve saber com o que está lidando. Os aspectos técnicos são mais simples de identificar, pois são objetivos e normalmente familiares ao gerente de projetos. Conhecer as características comportamentais depende de observação e técnicas, naturalmente para uso exclusivo do gerente de projetos. A mais simples é a lista de checagem (checklist), na qual o gerente de projetos inclui:

- **Características** — exemplos: comunicação, resistência a opiniões diferentes, capacidade de aprendizado, capacidade de instruir, equilíbrio emocional, calma, tolerância à pressão, capacidade de adaptação, autoconfiança, perseverança, motivação.
- **Níveis de Desenvolvimento** — exemplos: baixo, médio, alto.

 Técnicas: Janela de Johari, Modelo DISC e Raio X podem ser aplicados.

Alocar as Pessoas nos Papéis Mais Adequados a Seu Conhecimento, Experiência e Perfil

Esta é uma das ações mais importantes. Tomando o esporte como exemplo, já vimos várias vezes os resultados melhorarem após o técnico mudar as pessoas de posição.

Parte da responsabilidade do gerente de projetos em maximizar as chances de sucesso do projeto é conseguir distribuir a equipe sabiamente, e isso depende do conhecimento dos aspectos técnicos e das características comportamentais de seus membros/colaboradores/integrantes.

Técnicas: Diferentes técnicas de mapeamento de competências podem ser utilizadas como base para realizar alocações adequadas.

Promover a Capacitação Pertinente ao(s) Papel(éis) que Desempenhará

Apesar de serem muito mais concentradas nas questões técnicas, algumas competências relativas a aspectos comportamentais também podem ser exercitadas.

Com apoio do RH, dinâmicas podem ser realizadas para que algumas características sejam, pelo menos, flexibilizadas a um ponto que não se gerem riscos ao projeto.

Técnicas: Material de referência, Sinergia, e-Learning, Treinamento Presencial, *Mentoring*, *Coaching* são exemplos que podem ser aplicados.

Monitorar os Riscos Relativos às Características Comportamentais de Pessoas-chave na Equipe

Sendo privativa do gerente de projetos, esta lista de riscos (cujas causas são aspectos comportamentais) deve ser gerenciada como as demais: analisada e tratada conforme sua relevância.

O monitoramento da efetividade da resposta faz parte deste processo.

Apesar das ações preventivas, é necessário avaliar se as pessoas se flexibilizaram o suficiente para o bom andamento do projeto.

Se identificar alguma situação de risco, o gerente de projetos deve atuar (adequadamente, conforme sua autoridade/autonomia e as características organizacionais) junto ao RH para garantir que não venha a comprometer o sucesso do projeto.

Técnicas: Lista de checagem, Mapa Mental, Gráfico de Ações, Teoria da Determinação de Metas e Metas Smart são exemplos que podem ser aplicados individualmente ou em conjunto.

21. POSSO ALOCAR AS PESSOAS DA EQUIPE EM QUALQUER POSIÇÃO

Há pessoas com perfil e conhecimento que permitem alocação em várias posições, mas, infelizmente, isto não é regra geral.

Para a criação das entregas são necessários diferentes papéis, os quais possuem responsabilidades que exigem competências específicas e que os recursos alocados devem suprir. Essa especialização de cada papel fica evidente nas atividades do cronograma em que estão alocados.

RECOMENDAÇÕES

Conhecer a Equipe

O gerente de projetos deve conhecer as competências técnicas, habilidades e o perfil comportamental de cada integrante da equipe. Esse conhecimento permitirá uma alocação acertada, evitando erros básicos que podem gerar grandes transtornos no andamento do projeto.

Exemplo: Em um projeto de sistemas de informação temos Zé e Júlia. Ambos têm a mesma experiência nas disciplinas de requisitos e testes. Zé é tímido e prolixo. Júlia se comunica muito bem e é muito objetiva. É natural alocar Júlia como analista de requisitos (para manter intensa comunicação com o cliente/usuário e escrever as especificações) e Zé como analista de teste (uma disciplina mais técnica, que não exige muita comunicação).

Técnicas: Janela de Johari, Modelo DISC, Raio-X, Gráfico de Ações, as técnicas apresentadas no livro *Os 7 hábitos de pessoas altamente eficazes*, Inteligência Emocional e Teoria da Análise Transacional de Berne são exemplos que podem ser aplicados individualmente ou em conjunto.

OBSERVAÇÃO: Para mais informações, favor verificar os demais itens relativos a "Aspectos comportamentais".

Capítulo 5

Partes Interessadas

22. TOMAR COMO CERTA A PARTICIPAÇÃO DE COLABORADORES-CHAVE PROMETIDOS AO PROJETO

Colaboradores com perfil, conhecimento e experiências específicos tornam-se chave para o projeto.

Participei de vários projetos em que a indicação desses colaboradores ocorreu desde a iniciação, normalmente pelo *know-how*, tendo efeito direto nas estimativas e no plano de ação. Em outros projetos, a alocação desses colaboradores foi parte da resposta a determinados riscos relevantes ao projeto, principalmente naqueles de alta prioridade.

O grande erro é simplesmente considerar que sua participação está garantida.

Muitas coisas podem acontecer entre o momento da negociação da participação daquele colaborador-chave no projeto e o início de suas tarefas: mudanças no mercado, reestruturação interna, normatização inesperada que exige a criação de outros projetos etc.

Na maior parte das vezes que enfrentei esse problema foi quando houve mudança de prioridade do projeto (para o gestor responsável pelo recurso). O resultado é que, na hora H, esses colaboradores podem estar indisponíveis e **outros serão enviados em substituição**.

RECOMENDAÇÕES

Certificar-se da Disponibilidade

A ideia é **ter certeza** de **que** o recurso **está** realmente **disponível** para o projeto.

Em empresas com alto nível de maturidade na gestão corporativa de seus colaboradores, as ferramentas automaticamente indicam a disponibilidade de cada pessoa no calendário. Caso contrário, o canal mais indicado é o próprio gestor funcional do recurso.

Dependendo das circunstâncias e do nível de alçada do gerente do projeto, pode ser necessário escalar (vide próxima recomendação).

Comunicação Direta com o Gestor Funcional

Se estiver dentro da autonomia do gerente do projeto, pode-se obter a **confirmação** de participação por meio:

- Ou de contato pessoal com o gestor funcional responsável pelos recursos,
- Ou do envio do calendário de alocação previsto dos colaboradores-chave (indicando papéis e responsabilidades e a importância da participação dos mesmos no projeto).

Escalar

Se este tipo de comunicação estiver fora dos limites de atuação do gerente de projetos, ele pode enviar ao gestor funcional a relação de colaboradores-chave de outras áreas (com papéis e responsabilidades), indicando qual o efeito de atraso na liberação dos recursos ou de sua substituição, para que este realize ações gerenciais de confirmação junto aos respectivos gestores.

23. ESPERAR QUE AS PESSOAS SE APRESENTEM PARA REALIZAÇÃO DAS TAREFAS EM QUE ESTÃO ALOCADAS NO PROJETO

Empresas com maior nível de maturidade possuem mecanismos de alocação por meio de sistemas de compartilhamento de recursos baseados em competência e disponibilidade, mas o mais comum é que as pessoas sejam alocadas nos projetos por meio de seus gestores. Isto significa que, por problemas de comunicação, os colaboradores às vezes nem sabem que participarão de determinados projetos.

Seja por desconhecer sua alocação no projeto, pela dinâmica da empresa, por questões culturais da organização ou atuando em tarefas de outros projetos que consideravam mais importantes, muitas vezes o **colaborador** (literalmente) **espera que alguém venha chamá-lo** para realizar as tarefas do projeto.

> OBSERVAÇÃO: Aqui devemos lembrar que existem fatores pessoais (avaliação, premiação, promoção) e organizacionais que podem influenciar esta postura.

RECOMENDAÇÕES

Comunicação Preventiva

Enviar aos colaboradores um resumo do projeto incluindo a importância deste para a empresa e as principais restrições.

Exemplo: Data limite para término definido por entidade externa, os papéis e responsabilidades de cada colaborador-chave e os calendários de alocação, quando já definidos.

Técnicas: Modelo ABCDE, Teoria do Estilo Básico, Inteligência Emocional, Teoria da Análise Transacional de Berne, Modos de Persuasão e Técnicas Básicas de Persuasão são exemplos que podem ser aplicados individualmente ou em conjunto.

LEMBRETE: Algum tempo antes do início planejado da participação, lembrar os colaboradores sobre as datas em que têm atividades no projeto. A forma como esta comunicação acontece é chave em relação ao efeito que pode despertar em que a recebe.

Em outras palavras, se for feita inadequadamente pode promover uma reação negativa e desencadear uma cadeia de fatores que podem prejudicar a dinâmica, a comunicação, a produtividade e até a qualidade.

Faça um bom uso de comunicações informais. Você não imagina o "poder de um cafezinho".

Capítulo 6

Trabalho em Equipe

24. SEMPRE MANTER A ESTRUTURA E A DINÂMICA QUE OS COLABORADORES TÊM EM SUAS EQUIPES

Isto é **puramente inercial**. O ser humano tende a se manter na zona de conforto, e manter as coisas como estão faz parte desta natureza.

Se a empresa dá certa liberdade, **por que não avaliar outras alternativas** de estrutura e dinâmica que sejam mais adequadas ao projeto?

Todo processo de criação das entregas é composto por atividades, normalmente divididas em fases ou etapas. A distribuição das pessoas neste fluxo pode fazer toda a diferença nos níveis de qualidade e produtividade do projeto.

Vários modelos de qualidade (ex.: Lean) indicam que o colaborador pode obter maiores eficácia e eficiência se realizar uma ou poucas atividades correlatas do processo.

Tomemos o desenvolvimento de sistemas de informação como exemplo: em determinada empresa, cada colaborador faz todo o processo: análise de requisitos, análise de dados, programação, testes, homologação, implantação. Por que não distribuir em papéis específicos?

RECOMENDAÇÕES

Identificar o Nível de Autonomia que a Equipe de Projeto Tem para Estruturar Seus Recursos e Adotar Uma Dinâmica Alternativa

É o primeiro passo: saber se a empresa dá certa liberdade às equipes de projeto. Se não houver abertura para mudanças, toda energia pensando em alternativas será desperdiçada. Conhecendo as regras que a equipe deve seguir fica fácil identificar e explorar alternativas, mantendo **consonância com as diretrizes** da organização.

Em empresas com maior nível de maturidade metodológica em gerenciamento de projetos podem até ser apresentadas alternativas de estrutura e dinâmica para os projetos, conforme o tipo de entrega.

Analisar as Características do Projeto e da Equipe

A abordagem está diretamente ligada a estes dois elementos. Projetos similares com equipes com perfis diferentes podem ter estruturas e dinâmicas ideais diferentes.

Projeto: tipo de entrega, restrições (ex.: prazo, orçamento, disponibilidade de pessoas-chave, tecnologia etc.), premissas, inovações etc.

Equipe: vivência no negócio e na empresa, experiência técnica, experiência com diferentes abordagens de trabalho, aspectos comportamentais etc.

 Técnicas Checklist, Gráfico de Ações, Modelo DISC e Raio X são exemplos que podem ser aplicados individualmente ou em conjunto.

Analisar o Processo de Criação das Entregas

A equipe pode identificar alternativas no fluxo de atividades, nas metodologias aplicadas e nos softwares utilizados em sua realização.

O gerente de projetos tem uma responsabilidade importante: estimular a criatividade, principalmente em relação aos desafios do projeto (ex.: prazo).

Atendendo às restrições impostas pela organização, a equipe pode definir uma nova abordagem de trabalho, documentando, de forma simples e clara, o fluxo de trabalho, o mapeamento de papéis e responsabilidades, as metodologias que serão aplicadas e as ferramentas que serão utilizadas.

Técnicas: Checklist, Mapeamento do Fluxo do Processo.

25. PERMITIR QUE SEJA INSTALADA UMA ATMOSFERA NEGATIVA

"Michael, se você não pode passar você não pode jogar." — Dean Smith, 1º técnico de Michael Jordan

O clima em que a equipe produz as entregas do projeto afeta diretamente o seu desempenho. Este é um risco que todo projeto pode enfrentar e o gerente de projetos deve fazer o que está a seu alcance para garantir uma atmosfera favorável, maximizando as chances de sucesso.

Em alguns casos isto pode ser muito desafiador, principalmente quando há forte **influência de questões pessoais** (ex.: resistência natural, antipatia, disputa, histórico de conflitos etc.), estrutura complexa (ex.: conflito prejudicial do envolvimento de dois fornecedores concorrentes disputando o contrato) **ou** questões **ligadas à organização** (ex.: instabilidade provocada por período de reestruturação, mudança no método de avaliação dos funcionários etc.). Em outros casos isto é viável e só depende da atitude do gerente de projetos.

Um fator usual é que alguns gerentes de projetos não se preocupam adequadamente com o clima do projeto, tendo algumas das razões mais comuns relacionadas a seu perfil:

- **Perfil técnico** — orientado às questões técnicas, não dá a devida importância às questões humanas.
- **Perfil ditatorial** — intransigente, acredita que está sempre certo e que os outros devem fazer o que ele lhes indicar.
- **Perfil inercial** — porque sempre trabalhou em um determinado formato acredita que todos também devem.

- **Perfil pessimista** — supervalorização das dificuldades.

- **Perfil otimista** — achar que a equipe sempre vai encontrar a melhor forma (mesmo que seus integrantes tenham severas questões entre si) etc.

Delegar esta atribuição para a equipe pode funcionar em um cenário muito específico em que as pessoas coloquem o projeto à frente de seus problemas pessoais, valorizem o resultado da equipe ao resultado individual, tenham desenvolvidos alguns aspectos de liderança e sejam automotivadas.

Algumas características ineficientes comuns são:

- **Ambiente excessivamente informal** — ex: muita brincadeira.

- **Falta de comunicação** — ex: todos usando fones de ouvido o tempo todo.

- **Postura individualista** — ex: busca de reconhecimento pessoal e não coletivo.

- **Procrastinação** — ex.: lei de Parkinson (desaceleração do ritmo, utilizando o tempo todo reservado para a execução das tarefas, mesmo que não seja necessário) e teoria do estudante (deixar para a última hora).

RECOMENDAÇÕES

Conhecer a Equipe

Saber com quem estamos lidando é o primeiro passo.

O perfil e a situação das pessoas influenciam diretamente na decisão da estratégia para instalar uma boa atmosfera na equipe.

O **perfil** está associado aos aspectos comportamentais, e raramente mudam. Pessoas são calmas ou agitadas, tímidas ou comunicativas, gentis ou grosseiras. Um fator que complementa o perfil é o **estado de espírito**, pois podem mudar temporariamente suas características (ex.: alguém pode ser agitado, mas estar atualmente calmo).

Outro fator que precisa ser considerado, e que influencia o estado de espírito, é o momento profissional, normalmente associado com níveis de satisfação e insatisfação, nível de estresse (ex.: número e severidade de problemas em que esteve/está envolvido), nível de cansaço (ex.: carga horária de trabalho dos últimos tempos, férias acumuladas), busca por uma posição de liderança.

Eliminar o Pessimismo

> Ó vida, ó céus, ó dor... isto não vai dar certo... — Hardy, do desenho *Lippy e Hardy*, de Hanna-Barbera.

Postura similar à da hiena Hardy não é saudável para o projeto. Quando cito pessimismo me refiro ao hábito de antecipar o fracasso, sempre achar que tudo é impossível e que tudo vai dar errado. Esta postura influencia o moral da equipe porque tem forte relação com a criação de sentimentos de insegurança. E o pior: esta visão crônica das coisas é **contagiosa**!

O gerente de projetos deve tratar o risco de a equipe adotar uma postura pessimista de acordo com o grupo. Ex.: se a equipe conta com recursos-chave pessimistas com poder de influenciar os demais, a relevância do risco é muito alta (probabilidade e impacto muito altos).

Este pessimismo nocivo deve ser substituído por uma postura positiva, realista, avaliando os fatos sem deixar-se influenciar por uma tendência negativista. O gerente de projetos deve **atuar muito cedo** nesta questão, pois, uma vez instalado o pessimismo, fica muito mais difícil realizar a mudança.

Dividir a responsabilidade com os recursos-chave é recomendado, pois se trata a questão na origem (quando estes são os pessimistas), realiza alinhamento sobre diretrizes saudáveis e cria multiplicadores para atuar durante o projeto todo.

Criar dinâmicas com a equipe para exemplificar que um grupo com uma postura otimista tem mais chances de sucesso.

 Técnicas — O Modelo ABCDE define cinco passos para realizar mudanças relacionadas aos pensamentos prejudiciais.

Manter uma Atmosfera Positiva

Atingido um clima adequado no início, é necessário que ele seja mantido, pois durante o andamento do projeto podem acontecer várias coisas capazes de fragilizar o grupo:

- Atraso significativo.
- Gasto excessivo de esforço e orçamento.
- Problemas de difícil resolução.
- Perda de recursos.
- Uma nova restrição, uma premissa que não foi mantida.
- Mudança que inclui um elemento inédito no projeto (ex.: um processo ou um sistema de informação).
- Envolvimento de uma área, parceiro, fornecedor ou entidade externa.
- Pressão decorrente de mudança no negócio (ex.: mercado ou concorrentes) etc.

O gerente de projetos deve **monitorar o clima da equipe**, mantendo comunicação com o grupo e, principalmente, com os multiplicadores, para entender as causas da mudança e garantir que o clima positivo seja instaurado novamente.

 Sinergia, Delegação, Modelo ABCDE, Funções de Gerenciamento, Inteligência Emocional, Liderança Centrada em Ação, Liderança Situacional, Modelo de Solução de Conflitos e Técnicas Motivacionais.

26. APRESENTAR APENAS AS INFORMAÇÕES RELATIVAS AO QUE O COLABORADOR VAI ATUAR

Não sobrecarregar as pessoas com informação é uma boa prática. Seguindo por esta linha, de forma purista, cada pessoa ou grupo da equipe recebe as informações necessárias para a execução das tarefas.

O problema é que ninguém terá visão sobre o todo. Esta falta de visão geral pode reduzir a efetividade do processo de criação das entregas, além de aumentar o risco de desconexão das entregas parciais, exigindo retrabalho para fazer ajustes ou recriação.

RECOMENDAÇÕES

Apresentar um Resumo do Panorama Geral do Projeto

A ideia é **aumentar a perspectiva** da equipe além de seu foco específico de trabalho (sem detalhamento), garantindo alinhamento, aumentando as chances de contribuições importantes ao projeto.

Apresentar informações sobre o porquê do projeto, os benefícios que vão promover, restrições, premissas, partes interessadas, visão geral do processo de criação das entregas, principais artefatos, ferramentas compartilhadas, metodologias.

Exemplo: Identificação de riscos, compartilhamento de lições aprendidas, identificação de elementos sistêmicos não mapeados.

Algumas das informações que podem ser apresentadas são:

- Fatores motivacionais, Objetivos, Entregas (EAP).
- Premissas e restrições, Riscos.

Capítulo 7
Planejamento

27. NÃO DEFINIR O PLANO DE GERENCIAMENTO DO PROJETO

Algumas pessoas ainda acreditam que gerenciar o projeto é listar as entregas e fazer um cronograma. Naturalmente isto não é verdade.

Sabemos que o gerenciamento de projeto adequado exige que sejam executadas atividades, aplicadas técnicas e produzidos artefatos durante o ciclo de vida do projeto.

No planejamento devemos refinar o escopo, produzindo a declaração de escopo e a Estrutura Analítica do Projeto (EAP), e criar o planejamento. Um dos artefatos que acaba sendo ignorado é o Plano de Gerenciamento do Projeto, um conjunto de definições sobre como serão tratadas as áreas de conhecimento do projeto (exceto a integração), as responsabilidades, os processos e mecanismos.

Em outras palavras, é um conjunto de planos subsidiários ou auxiliares (um para cada área de conhecimento) que definem como escopo, prazo, custo, qualidade, comunicações, riscos, aquisições e partes interessadas serão tratados durante o projeto.

> OBSERVAÇÃO: São consideradas integrantes do plano de gerenciamento do projeto as linhas de base, mas o problema relatado aqui não se refere a elas.

No passado, criar o plano de gerenciamento do projeto não era prática comum. O que acontecia é que se definia o cronograma sem conhecer exatamente como as coisas aconteciam. **Durante o projeto** nos deparávamos com certas situações que exigiam acionar determinado processo (ex.: aumento de orçamento, compra, subcontratação) e neste momento é que **descobríamos como as coisas funcionavam**, quem fazia o que e quanto tempo seria necessário. O resultado primário era óbvio: o prazo era drasticamente afetado.

A ideia é simples: **conhecer as regras do jogo antes de entrar em campo.** Você já faz isso em sua vida pessoal. Quando um amigo lhe convida para participar de um jogo que você não conhece, o que você faz antes de começar a jogar? Pergunta quais as regras do jogo! Por que não fazer o mesmo em relação ao projeto?

Como não é o escopo nem o cronograma, alguns podem entender que é de menor importância ao projeto. O que precisa ficar claro é que se investe pouco tempo na definição do plano de gerenciamento durante o planejamento para evitar gastar muito tempo durante a execução.

Existem várias razões que podem levar a não criar o Plano de Gerenciamento do Projeto:

- **Aspectos metodológicos**

  A metodologia considera a atividade "Criar o plano de gerenciamento de projeto" e o artefato "Plano de gerenciamento de projeto" opcionais.

- **Inércia**

  Como não foi feito nos projetos anteriores, continua não sendo feito.

- **Desconhecimento**

  O gerente de projetos não conhece seus benefícios e subvaloriza seu valor.

- **Falta de tempo**

  Este é um equívoco, pois não está considerando o tempo que economizará durante a execução do projeto. Investimos pouco tempo criando o plano e economizamos muito tempo durante a execução do projeto, além de ter mais chances de atender às expectativas do cliente.

- **Falta de histórico**

  A falta de bagagem em gerenciamento de projetos deixa o gerente de projetos sem referência para reforçar o entendimento do valor do plano.

- **Preguiça**

  Sem comentários...

RECOMENDAÇÕES

Buscar Referências

Criar algo do zero é mais trabalhoso e exige mais conhecimento do que utilizar uma referência, **um plano já definido**, o qual deve ser validado (para garantir que reflete o contexto organizacional atual) e pode ser **adaptado** conforme as características do projeto.

Importante lembrar que a busca pelas informações deve sempre seguir as diretrizes, regras e cultura da empresa, e utilizar os canais adequados, tudo para evitar constrangimentos.

Algumas fontes mais comuns são:

- **Metodologia**s de gerenciamento de projetos com maior nível de maturidade disponibilizam modelos e exemplos, indicando as possibilidades de adaptação recomendadas.
- **Outros projetos** podem ter criado o plano. Basta ter acesso ao plano criado e fazer as adaptações necessárias.
- **Agregação** de vários projetos: cada projeto pode ter criado um ou alguns planos. Basta agregar um plano relativo a cada área de conhecimento e fazer as adaptações necessárias.
- **Capacitação**: nos treinamentos que as empresas promovem é comum que a criação dos planos subsidiários seja exercitada, bastando ter acesso aos resultados destes exercícios. Outra fonte é o resultado de *mentoring* e *coaching*. Se houver mecanismo e cultura de gestão de conhecimento, será mais fácil. Caso contrário, o gerente de projetos deve se comunicar com os participantes e solicitar os artefatos que lhe faltam.
- **Mercado**: o gerente de projetos pode encontrar muito material na internet (sites, blogs, grupos de discussão etc.) e nas publicações especializadas.

Criar um Plano Simplificado

Ter um plano de gerenciamento de projeto não significa ter um artefato complexo e absolutamente completo. Melhor ter um plano com o básico do que não ter nenhum.

O primeiro aspecto que deve ser avaliado pelo gerente de projetos é conhecer quais áreas de negócio serão contempladas no projeto. Isto porque nem todas áreas de conhecimento são tratadas em todos os projetos.

Exemplo: Em um projeto que não haverá compra de materiais, produtos, nem fornecimento externo não é necessário um plano de gerenciamento de aquisições.

Para as áreas de conhecimento tratadas, o gerente do projeto deve buscar conhecer as informações essenciais.

Exemplo: Plano de gerenciamento de custo: deve descrever como o orçamento será gerenciado durante o projeto. Alguns exemplos de atributos que podem fazer parte do plano:

- Definição de como o orçamento do projeto será estruturado (ex.: referência à estrutura da EAP).
- Definição de como os custos serão monitorados e controlados (ex.: valor agregado).
- Indicação das políticas, procedimentos e processos envolvidos (ex.: fluxo de aprovação e liberação de verba).
- Papéis e responsabilidades (ex.: solicitação, aprovação, liberação etc).

A cada projeto o plano deve ser refinado, incluindo novas informações conforme as características do projeto (e naturalmente da organização).

Exemplo: Projeto em que só haverá funcionários envolvidos, não haverá aquisição e a metodologia da empresa recomenda (neste caso) gerenciar apenas o esforço e o prazo do projeto.

Não haverá plano de gerenciamento do orçamento nem de aquisições, mas o plano de gerenciamento de prazo deverá descrever como o projeto será monitorado e controlado (ex.: valor agregado adaptado para medida em horas).

Planejamento - 103

A cada projeto o trabalho de criação do plano de gerenciamento do projeto fica mais simples e rápido, basicamente por meio de validação com o contexto organizacional atual e refinamentos. A questão é: **com quem levantar as informações?** Os dois candidatos naturais são o gestor funcional (pela visão organizacional) e o escritório de projetos (mesmo que a versão atual da metodologia não inclua o plano). Um dos dois provavelmente fornecerá informações para os planos e/ou indicar o caminho das pedras.

Registrar o Plano da Forma Mais Adequada

Metodologias de gerenciamento de projetos com menor nível de maturidade não incluem o plano ou tratam-no como artefato opcional, não disponibilizando mecanismo para registro.

> Exemplo
>
> Empresa adquiriu software de gestão de processos, implantou o *workflow* de demanda e projetos e customizou funcionalidades para facilitar o gerenciamento do projeto (ex.: mapeamento de riscos e registro do cronograma), mas não inclui item específico ao plano de gerenciamento do projeto.
>
> Não é por isso que vamos deixar de fazer o plano, visto que já compreendemos seus benefícios. Com autorização do escritório de projetos, podemos manter como um documento texto com capítulos específicos para cada área de conhecimento (planos subsidiários/auxiliares).

28. CONFUNDIR AS METODOLOGIAS DE GERENCIAMENTO DE PROJETO E DE CRIAÇÃO DAS ENTREGAS

Várias metodologias podem ser utilizadas em um projeto. O problema é quando o gerente do projeto e a equipe não conseguem distinguir o escopo e a iteração destas metodologias.

Todo projeto envolve pelo menos duas metodologias: **gerenciamento de projeto** e criação das entregas.

Guia **PMBOK®**, **Prince2®** e **Scrum** são exemplos de abordagens para gerenciamento de projeto e suas atividades têm foco na definição do que deve ser produzido pelo projeto (escopo), criação do plano de ação (cronograma, prazo, custo), alocando (e garantindo o envolvimento de) pessoas, áreas, empresas e entidades (partes interessadas), gerenciando os fatores que podem interferir no sucesso do projeto (riscos). As empresas definem uma metodologia baseada na proposta destas (e outras) referências e é mantida por um escritório de projetos (PMO).

As **metodologias de criação das entregas** são necessárias ao cumprimento do projeto, normalmente são mantidas por uma área de metodologia. Elas podem interferir no tipo da EAP a ser utilizada, visto que exigem uma abordagem específica para criação das entregas e as atividades definidas nestes processos e metodologias são incorporadas no cronograma, formando o plano de ação do projeto.

As metodologias de criação das entregas **dependem dos tipos de entrega que devem ser produzidos** pelo projeto.

Exemplo: Se um projeto de reforma deve construir duas piscinas e seis churrasqueiras em um condomínio, fará referência às duas metodologias, além da metodologia de gerenciamento de projeto.

O **cronograma do projeto é resultado direto dessas metodologias**, pois deve incluir as respectivas atividades para atingir os resultados esperados do projeto.

Obs.: Se as metodologias forem mantidas por áreas diferentes e não houver um alinhamento absoluto em relação aos aspectos técnicos, culturais e políticos, podem gerar mais dificuldade de entendimento ao gerente de projetos e equipe, e consequentes erros em relação ao uso inadequado das metodologias no projeto.

RECOMENDAÇÕES

Buscar Entendimento Sobre o Escopo de Cada Metodologia

O gerente de projetos deve buscar esclarecimentos que deixem bem claros escopo e interação das metodologias, pois isto afeta o projeto. Se houver sobreposição, deve esclarecer o que prevalece.

Buscar Entendimento Sobre a Interação das Metodologias

Inevitavelmente as metodologias se relacionam. A questão é: "**onde cada metodologia se enquadra no projeto?**". O quadro abaixo é um exemplo que ilustra a resposta desta questão.

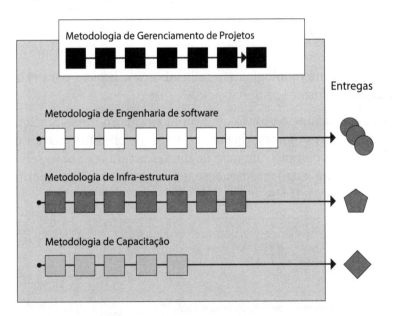

No exemplo mostrado:

- **Metodologia de gerenciamento de projetos** contém atividades relativas ao guia PMBOK®, Prince2®, outra referência ou customização.

Estas tarefas não têm relação direta com a criação das entregas e são aplicadas pelo gerente de projetos e equipe para planejar, executar e acompanhar o andamento e término do projeto. Independentemente do que será criado, as tarefas de gerenciamento sempre vão constar no cronograma.

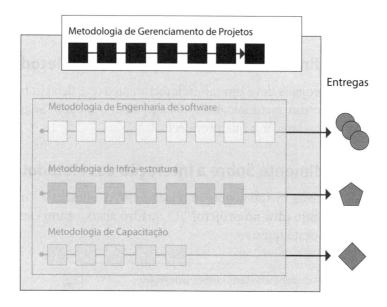

- As **demais metodologias** são utilizadas pelo projeto **para criar as entregas**, conforme seu tipo.

No exemplo acima, o projeto deve produzir quatro novas funcionalidades de software (ex.: relatório de clientes, relatório de produtos, relatório de vendas, relatório de compras), um item de infraestrutura (ex.: novo servidor web em substituição ao atual) e capacitação (ex.: treinamento dos usuários no uso das novas funcionalidades.

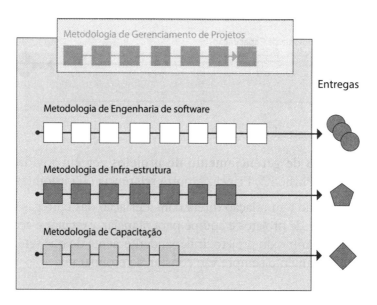

Cada tipo de entrega tem uma metodologia que define as atividades necessárias.

Criar a Estrutura Analítica do Projeto Corretamente

Uma vez que existem vários tipos de EAP (vide item de Planejamento 31. *Fazer uso inadequado da Estrutura Analítica do Projeto*) é importante que sejam utilizados o tipo e a estrutura que reflitam a abordagem sugerida pela metodologia de criação das entregas.

> **Exemplo**
> Desenvolvimento de software com abordagem Iterativa ou abordagem Cascata, as quais definem formas diferentes para atingir o mesmo objetivo:

- **Iterativa** — propõe uma estrutura Entrega/Atividades e, portanto, aponta para o uso de EAP similar ao estilo *Bill Of Materials* (BOM).

- **Cascata** — propõe estrutura Etapa ou Fase/Entregas, portanto, aponta para uso da EAP que define etapas de um processo.

Criar um Plano de Ação em Conformidade com as Metodologias Envolvidas no Projeto

O cronograma tem relação direta com a Estrutura Analítica do Projeto, a qual depende da metodologia de criação das entregas. Portanto, se a EAP está correta, ótimo, caso contrário, o plano de ação poderá ser inconsistente.

Nas abordagens iterativa e cascata, o plano de ação será diferente. Exemplo:

Projeto que deve criar quatro novos relatórios para um sistema de informação:

- **Abordagem iterativa** — as atividades da metodologia estão associadas a cada entrega, gerando uma estrutura Entrega/Tarefas no cronograma. Isto significa que todas entregas contêm as mesmas tarefas e elas podem ser executadas independentemente das outras entregas.

Exemplo: Para a entrega "Relatório de clientes" constam as atividades: Analisar, Desenhar, Construir, Testar, Homologar e Implantar.

O mesmo ocorre para as demais, permitindo paralelismo na criação das entregas.

OBSERVAÇÃO: Na abordagem iterativa pode-se unificar as tarefas a partir de determinado momento. Ex.: homologar e implantar.

- **Cascata** — a estrutura do cronograma é definida pelas etapas/fases da criação das entregas. Isto significa que só quando todas as entregas passarem por cada etapa/fase é que a próxima etapa/fase é iniciada.

Exemplo: Só quando concluídas as tarefas da etapa/fase "Analisar" para todas as entregas é que a etapa/fase "Desenhar" é iniciada (para todas as entregas), e assim por diante.

29. PRESSUPOR QUE AS RESTRIÇÕES CHEGARÃO ATÉ VOCÊ

O gerente de projetos que espera receber a lista completa de restrições vai entrar pelo cano...

Algumas restrições mais óbvias podem aparecer até mesmo durante a iniciação e constar no termo de abertura. Outras podem ser identificadas pelo conhecimento organizacional que o gerente de projetos e/ou equipe possa ter. Mas algumas só vão aparecer durante a execução do projeto e aí as coisas ficarão complicadas.

Mesmo que o gerente de projetos conheça muito bem a empresa, pode não estar informado sobre mudanças que geram impacto direto no projeto.

- Em função de um processo trabalhista de um subcontratado, o RH definiu que os subcontratados não podem permanecer no mesmo ambiente físico que os funcionários;

- A área de compras fez alterações no processo e o implantou em uma nova ferramenta que exige a participação do superintendente para realizar determinadas aprovações;

- A área de qualidade fez modificações no processo de teste corporativo e reduziu o número para quatro por mês;

- A partir da próxima semana todos os projetos deverão estar aderentes à nova versão da metodologia de gerenciamento de projetos;

- Desde 1º/abril o horário de entrega de materiais foi reduzido para 2ª a 6ª feira, das 10:00 às 16:00.

- Desde 2/abril a ferramenta YYZ foi indisponibilizada, substituída pela ferramenta XYZ, para a qual existe treinamento interno mensal programado etc.

Desconhecer as restrições significa que a equipe vai **se deparar com surpresas** durante a execução, muitas vezes inviabilizando atingir os objetivos do projeto no prazo e orçamento estipulados.

RECOMENDAÇÕES

Proatividade

As várias ações que podem ser realizadas dependem exclusivamente de uma postura proativa do gerente de projetos.

Além de "**manter o radar ligado**", o gerente de projetos deve levar esta cultura à equipe, fazendo com que todos estejam "**procurando intensamente**" **as eventuais restrições**, pois devem ser conhecidas antes de fechar a versão do cronograma que será utilizada para estabelecer a linha de base de prazo.

Avaliar o Escopo do Projeto

A identificação das entregas permite à equipe considerar quais os elementos organizacionais relacionados. A natureza da entrega, suas características gerais, a unidade de negócio envolvida são exemplos normalmente comuns a qualquer tipo de projeto.

Desta forma, podem-se identificar as restrições ou identificar para quem perguntar se existe alguma restrição.

Exemplo: Um novo tipo de seguro está sujeito às regras estabelecidas pela SUSEP (órgão regulamentador), e deve ser submetido à aprovação a qual leva vinte dias úteis.

Avaliar o Plano de Ação

Uma vez conhecido o escopo, a equipe pode pensar em como produzir as entregas. Devem-se observar o **processo de criação das entregas**, as **metodologias** envolvidas, as áreas que devem participar, as **normas** de qualidade corporativa que devem ser seguidas etc.

Desta forma, podem-se identificar as restrições ou identificar para quem perguntar se existe alguma restrição.

Exemplo: Uma nova área de qualidade de software foi implantada. A equipe de projeto não consegue identificar as restrições, mas pergunta a Thaís, ponto focal da área que participará no projeto, e acaba descobrindo que:

- Deve ser feita solicitação formal de avaliação com trinta dias de antecedência.
- Se forem identificadas falhas, a equipe poderá realizar outra avaliação do mesmo lote de entregas em três dias.

Avaliar o Que Será Necessário ao Projeto

Analisando o que será necessário para realizar o trabalho consegue-se identificar unidades de negócio, áreas e pessoas às quais devemos perguntar se existe alguma restrição envolvida.

Exemplo

Se é necessário adquirir uma ferramenta que custa R$ 26.000, serão envolvidas as áreas de Homologação de software e de Compras. Estas são as áreas às quais devemos perguntar se existem restrições.

A área de Homologação de software indicou que não há restrição alguma, porque este software já está homologado. Ótimo!

A área de Compras indicou que qualquer solicitação deve ter aprovação do gerente funcional e do superintendente. Se o valor ultrapassa R$ 22.000, também deverá ter aprovação do diretor. Indicou também que o processo de aprovação leva cinco dias úteis e que deve ser realizado através do processo automatizado Proc–CMP.

Analisar as Premissas

Uma vez que as premissas determinam o cenário do projeto e indicam as dependências externas ao núcleo da equipe, devem ser analisadas para garantir que nenhuma restrição decorrente seja esquecida.

As áreas responsáveis por produzir os elementos necessários ao projeto podem determinar restrições que afetam o cronograma.

Exemplo

Premissa: O projeto vai utilizar o ambiente corporativo de homologação de software.

Restrições que surgem desta premissa:

- Cada projeto pode realizar apenas uma homologação por mês;
  - Para cada homologação deve ser enviada solicitação por um gerente de projetos e aprovada pelo gestor funcional, com mínimo de vinte dias de antecedência descrevendo as características específicas do ambiente segundo o formulário HML-FM-03.

30. NÃO DELIMITAR O ESCOPO CORRETAMENTE

Este problema está relacionado às deficiências no mapeamento das entregas e tem relação com o próximo item (*31.Fazer uso inadequado da Estrutura Analítica do Projeto*).

Em alguns projetos percebe-se que não há rastreabilidade consistente entre o escopo definido no Termo de abertura, Declaração de escopo e EAP. Visto que são três níveis diferentes do mesmo escopo, deveriam detalhar o escopo mais abrangente. No entanto, isto nem sempre ocorre.

Como a Declaração do escopo e a EAP (Estrutura Analítica do Projeto) definem a linha de base, se não forem claras e completas dão margem a divergências na interpretação, reforçada pela ausência do dicionário da EAP.

O item "fora do escopo" é particularmente útil, pois deixa claro o que não esperar do projeto. Infelizmente nem todos utilizam como deveriam. Certa vez ouvi um consultor experiente declarar "não incluo muitos itens para não constar mais itens fora do escopo do que no escopo". Este é apenas um exemplo de quão errado este item pode ser utilizado.

RECOMENDAÇÕES

Detalhar o Escopo de Forma Consistente

No **Termo de abertura**, artefato que formaliza a existência do projeto na empresa, é definido o macroescopo do projeto. Neste momento, o objetivo é manter um nível alto de informação (sem detalhes), mas garantir a univocidade (permite uma única interpretação). Escreva o suficiente para atingir este objetivo, nem mais, nem menos.

Durante o planejamento, depois do levantamento de requisitos, é criada a **Declaração de escopo**. É importante incluir as entregas que compõem as macroentregas do Termo de abertura. Considerando que este é um artefato que será utilizado por níveis menores da hierarquia, o gerente de projetos deve assegurar que contenha os detalhes necessários para garantir o alinhamento.

Ainda no planejamento é criada a **Estrutura Analítica do Projeto**. Tenha certeza que a EAP é uma extensão do escopo definido na Declaração do escopo, com mais detalhes para formalizar em detalhes o que se esperar do projeto. No final das contas, a EAP acaba sendo um dos artefatos mais importantes do projeto, pois dela será criado o plano de ação (cronograma).

Deixar Claro o que Não Esperar do Projeto

Quando confeccionar a Declaração de escopo (durante o planejamento) faça um uso adequado do item "**Fora do escopo**".

Lembre-se que ele existe para garantir o alinhamento sobre o que não será produzido pelo projeto.

Relacione tudo o que o cliente poderia pensar que seria produzido pelo projeto, mas não será. Não se preocupe com o tamanho da lista, pois a intenção é garantir que não existam divergências sobre o escopo entre o cliente e a equipe do projeto.

Lembre-se que **não se trata de premissas nem restrições**. Existem atributos específicos para isso na Declaração de escopo.

Para ter certeza que incluiu os itens corretamente, faça a seguinte verificação: "isto poderia ser uma entrega?" Se sim, está correto, caso contrário, não deve constar (pode ser uma premissa, uma restrição).

Exemplo: Projeto que deve produzir/substituir a CPU da área jurídica.
Fora do escopo: estabilizador, monitor, teclado, mouse e impressoras.

OBSERVAÇÃO: Qualquer analista de sistemas sabe que estes itens não fazem parte da CPU, mas advogados podem não saber.

Sem os itens "Fora do escopo" há grandes chances de ouvir lá no final: "... mas não foi isso que nós pedimos! Para nós do jurídico CPU é "tudo" e não apenas o computador".

Lembre-se de que "Escopo x Fora do escopo" diz respeito ao **alinhamento sobre a expectativa do** resultado do **projeto**, portanto, as entregas.

Tudo o que for "**meio para chegar ao fim**" **não é entrega**, mas atividades para criar as entregas, portanto, também não devem constar no item "Fora do escopo".

> O Projeto que deve produzir um módulo de relatórios estatísticos para o sistema de vendas.
>
> Outro projeto vai criar um ambiente de testes corporativo que será utilizado pelo projeto. Neste projeto, "Ambiente de teste" não deve constar como item "Fora do escopo", pois não poderia ser uma entrega.
>
> O cliente não quer receber o ambiente de testes, mas sim os relatórios.
>
> O ambiente de testes é algo que precisa ser feito para garantir que as entregas (os relatórios) estão em conformidade com as regras de negócio solicitadas.
>
> A dependência do ambiente de testes representa uma premissa para o projeto: "será utilizado o ambiente de teste corporativo para realização dos testes".
>
> A interpretação é: "Vamos planejar e executar o projeto considerando que o ambiente de testes será disponibilizado para nosso projeto. Portanto, não incluiremos nenhuma atividade para criar o ambiente de testes. Será incluído um marco indicando quando o ambiente de testes estará disponível, baseado no qual, nossos testes terão início".

O mais interessante do item "Fora do escopo" bem completo é que você obriga o cliente a repensar sobre o que ele pediu.

Por minha experiência, na maioria das vezes o cliente solicitou incluir no escopo alguns itens que não havia pedido anteriormente. Na prática, é a transferência do item "Fora do escopo" para o Escopo e a EAP.

Algumas pessoas já me perguntaram: "Isto não é um tiro no pé? Você não está estimulando algo que não quer?". Não entendo desta forma. Entendo que este é o melhor momento (início do planejamento) para ajudar o cliente a pensar e definir claramente o que quer.

Se não fizer o cliente pensar neste momento você aumenta (e muito) as chances de solicitações de mudança de escopo, gerando todo o trabalho de alteração do plano e geração de novas linhas de base.

E algumas "novas entregas" podem ser consideradas prioritárias pelo cliente, potencializando o esforço de ajuste do plano.

31. FAZER USO INADEQUADO DA ESTRUTURA ANALÍTICA DO PROJETO

Criada no início do planejamento, a Estrutura Analítica do Projeto (EAP) define o escopo do projeto representando graficamente (em formato hierárquico) as entregas que devem ser produzidas pelo projeto, e o trabalho que deve ser realizado.

Em função de existirem vários tipos de EAP, o gerente de projetos deve escolher o mais adequado ao projeto, o que nem sempre ocorre. Várias razões podem justificar este erro:

- **Inércia** — O gerente de projetos pode fazer uso do tipo que está habituado ou o tipo que utilizou no último projeto.

- **Falta de conhecimento sobre os tipos de EAP** — Se o gerente de projetos não conhece os tipos disponíveis, não consegue analisar com abrangência e pode fazer uma escolha inadequada.

- **Falta de conhecimento sobre o efeito da EAP no projeto** — O tipo de EAP selecionado tem efeito direto no cronograma do projeto e pode gerar conflito com a metodologia de criação das entregas.

- **Indefinição pela metodologia** — A metodologia de gerenciamento de projeto não indica os tipos que podem ser utilizados nem modelos, delegando a decisão para o gerente de projetos.

- **Inflexibilidade da metodologia** — A metodologia de gerenciamento de projeto exige que todos projetos utilizem um mesmo tipo de EAP, independentemente da estrutura da metodologia de criação das entregas.

A subutilização ocorre quando não são usados os benefícios da estrutura subutilização dos pacotes de trabalho (os componentes que estão no último nível da estrutura) ligados ao agrupamento de atividades, às estimativas, riscos, e ao monitoramento e controle.

RECOMENDAÇÕES

Conhecer os Tipos de EAP e Seus Efeitos no Projeto

Existem vários tipos de anatomia possíveis para a construção de uma Estrutura Analítica do Projeto. Os três tipos de estrutura mais comuns das EAP são diferenciadas conforme a tangibilidade das entregas e a forma na qual os objetivos do projeto são atingidos:

TIPO	CARACTERÍSTICAS
Produto	É utilizada quando o projeto deve produzir entregas tangíveis, desmembradas em seus componentes. Exemplos: Software, Barco, Casa
Serviço	Utilizada quando a entrega não é tangível e estruturada. O resultado é atingido quando fornecidos vários elementos relacionados ao serviço. Exemplos: Conferência, festa
Resultado	Utilizada quando a entrega não é tangível e estruturada. O resultado é atingido através de um conjunto de passos (normalmente definidos por uma metodologia). Exemplos: Aprimoramento de um processo, pesquisa em setor bioquímico

Observação: Uma vez que a EAP é a base para criação do cronograma, os três tipos acima definem estruturas diferentes para acomodar as atividades e tarefas que deverão ser executadas pela equipe.

■ **Tipo PRODUTO**

Este tipo define as entregas e realiza seu desmembramento por meio da decomposição.

A estrutura é similar à Lista de materiais (Bill Of Material — BOM). São representadas apenas as entregas, portanto, não definem fases nem o processo de criação.

Os quatro passos básicos: definir os objetivos, definir as entregas, identificar o trabalho complementar (*cross*) e dividir até um nível de controle adequado.

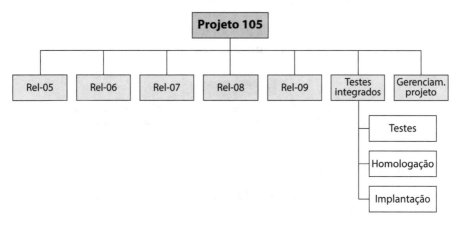

EAP simplificada representando cinco relatórios que devem ser produzidos pelo projeto de sistema de informação.

Perceba que não foi feita referência ao processo de criação das entregas. Em outras palavras, esta EAP apenas define o "O QUE" deve ser feito (e não o COMO), podendo ser utilizada com diferentes metodologias de construção do instrumento. Em outras palavras, esta EAP tende a ter um cronograma com "abordagem iterativa", em que as entregas podem ser criadas independente e paralelamente.

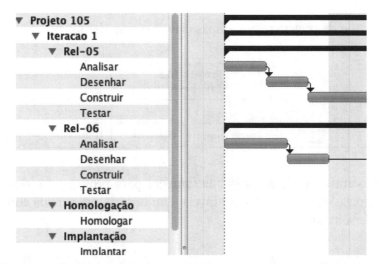

Versão simplificada de cada pacote de trabalho em que constarão as atividades para produzir: Analisar, Desenhar, Construi, Testar, Homologar e Implantar.

No trecho do cronograma acima é representada a abordagem iterativa para criação das entregas. Nessa abordagem, cada entrega da iteração segue pelo processo de engenharia de software, independentemente das demais.

Apesar de a criação dos casos de uso ser independente, pode-se planejar uma única homologação e uma única implantação para todas entregas da iteração.

> OBSERVAÇÃO: Por favor verificar as próximas recomendações, pois existem várias considerações complementares a esta.

- **Tipo RESULTADO**

A estrutura principal é definida pela representação do processo de criação das entregas.

Os exemplos típicos são os projetos de aprimoramento de processo. Nestes não se conhecem as entregas, mas se sabe que mudanças serão realizadas na situação atual para atingir determinados objetivos.

- Redução do tempo de produção em 30%.
- Redução do custo de emissão de certificados em 20%.
- Aumento da qualidade para redução das devoluções em 80%.

Neste tipo de projeto temos etapas clássicas bem definidas:

Essa estrutura pode ser aplicada também para projetos que devem produzir entregas tangíveis e estruturáveis. Um dos exemplos mais comuns é a criação de software.

Isto pode ocorrer em função de inércia, hábito, influência da metodologia (com abordagem cascata) ou outro fator.

Exemplo: Criação de cinco novos relatórios para um determinado sistema de informação cuja abordagem de criação é cascata (todas entregas passam juntas por cada etapa).

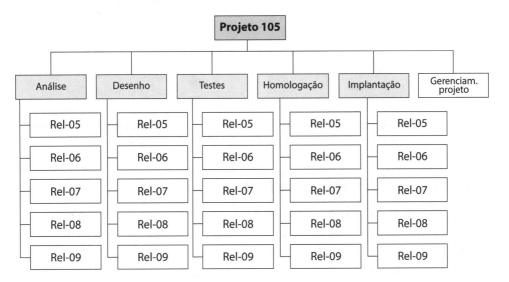

EAP simplificada representando o processo de engenharia de software. Em cada etapa são apresentas as entregas (os cinco relatórios que devem ser produzidos pelo projeto de sistema de informação).

A abordagem cascata de criação das entregas, apesar de conter as mesmas etapas da abordagem iterativa, gera uma estrutura completamente diferente no cronograma, em que as entregas são subitens das etapas.

OBSERVAÇÃO: Apesar de ser estruturada em etapas, não é considerada uma EAP do tipo resultado!

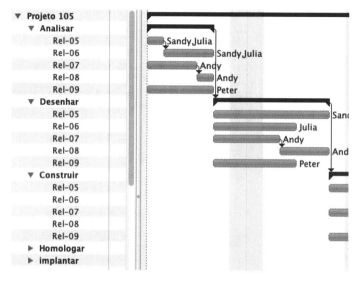

Trecho simplificado de cronograma representando abordagem waterfall para a criação das entregas: uma etapa é iniciada quando todas as entregas foram concluídas na etapa anterior.

Fazer Uso do Dicionário da EAP

Incluir todas as informações sobre os componentes na EAP criaria uma poluição visual indesejável. Para isso existe o Dicionário da EAP, artefato que a complementa e que permite incluir as informações necessárias para esclarecer seus elementos.

Além da descrição, podem ser incluídos muitos outros atributos — ex.: estimativas (prazo e orçamento), responsável, referências contratuais/técnicas/qualidade etc.

Compreender os Conceitos e Seus Elementos

Conforme o guia PMBOK® 5ª edição, a EAP:

é a **decomposição hierárquica do escopo total** *do trabalho que deverá ser executado pela equipe para atingir os objetivos do projeto e criar as entregas requeridas. Organiza e define o* **escopo total** *do projeto, e representa o trabalho especificado na declaração de escopo atual aprovada.*

Se analisadas as definições, entende-se que a EAP é uma ferramenta para definir o escopo do projeto, portanto, deve apresentar apenas as entregas (o que deve ser feito). EAP não é cronograma!

Para subsidiar esclarecimentos veja a imagem a seguir:

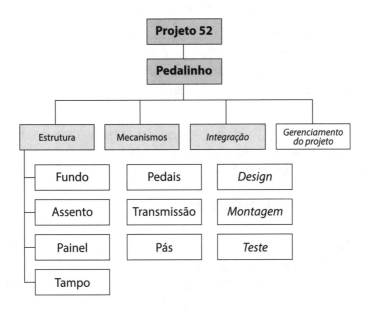

Componente: cada elemento da EAP – Pacote de Trabalho: componente de menor nível

No exemplo acima, o projeto deve produzir um pedalinho. Como a criação da EAP considera dividir seus elementos para obter componentes menores e mais gerenciáveis, o Pedalinho foi dividido em duas partes: Estrutura e Mecanismos, os quais também foram divididos em partes menores.

A interpretação é simples:

- A estrutura é composta do fundo, do assento, do painel e do tampo;
- Os mecanismos são compostos pelos pedais, pela transmissão e pelas pás;
- O pedalinho é composto pela estrutura e pelos mecanismos.

OK... até aqui temos a entrega e suas partes. Tudo até o momento diz respeito apenas ao "O QUE" deve ser feito.

Mas a questão é **por que constam na EAP** os componentes **Integração** e **Gerenciamento do Projeto**, se ambos não são entregas?

Para responder a esta pergunta-chave é necessário lembrar de três conceitos-chave:

- **Escopo do Produto** — Conforme o guia PMBOK® 5ª edição: "características e funcionalidades que caracterizam o produto, serviço ou resultado". Isto significa que diz respeito às entregas, e portanto, ao escopo, que foi o que observamos da EAP — exemplo até o momento.

- **Escopo do Projeto** — Conforme o guia PMBOK® 5ª edição: "o trabalho realizado para gerar um produto, serviço ou resultado com as características e funcionalidades especificadas". Isto significa que diz respeito ao processo de criação das entregas (as atividades), o que se refere ao COMO produzir as entregas.

- **Regra dos 100%** — Todas as entregas e o trabalho devem ser representados na EAP. Isto significa que toda atividade do cronograma deve estar ligada a um pacote de trabalho.

AHA MOMENT #1:
Serão incluídas uma ou mais atividades no cronograma, relativas ao gerenciamento do projeto (Level of Effort — LOE). Por esta razão é necessário criar o componente *Gerenciamento do Projeto,* garantindo que essas atividades façam parte do projeto (EAP).

A regra também se aplica à decomposição. Desta forma, os "componentes menores" devem totalizar o trabalho total relativo ao componente que sofreu decomposição.

Analisando nossa EAP-exemplo, podemos constatar que cada pacote de trabalho do componente Estrutura terá atividades associadas para garantir que a estrutura esteja completa e em conformidade com os requisitos. O mesmo ocorre com o componente Mecanismos.

Mas, **em qual pacote de trabalho constarão as atividades de montagem da estrutura com os mecanismos?** Não poderá constar nem em Estrutura nem em Mecanismos, pois ambos têm um escopo individual.

Da mesma forma, **em qual pacote de trabalho constarão as atividades de teste do pedalinho como um todo?**

Se a somatória dos "componentes-filhos" deve totalizar o "componente-pai", as atividades relativas à montagem e aos testes finais devem constar em um subcomponente de Pedalinho.

Se não fossem incluídos esses componentes relativos ao escopo do projeto, a regra dos 100% seria violada e, quando criado o cronograma, surgiriam atividades sem rastreabilidade a nenhum componente específico.

Na EAP-exemplo, foi criado um componente **Integração** relativo ao trabalho que:

- Ou será utilizado pelos componentes Estrutura e Mecanismos (Design);
- Ou será relativo à integração de outros componentes (Montagem e Teste).

AHA MOMENT #2:

Devem ser incluídos componentes-filhos para completar os 100% do trabalho relativo ao componente-pai.

Com a aplicação dos três conceitos acima, a EAP incluiu dois componentes que não são relativos ao escopo (O QUE), mas ao processo de criação das entregas (COMO).

AHA MOMENT #3:

A EAP não diz respeito apenas às entregas, mas ao trabalho que será realizado para as criar!

Portanto, para criar uma EAP consistente deve-se pensar no processo de criação das entregas. O resultado será a criação de alguns componentes que não contemplados pelos componentes exclusivamente relacionados às entregas.

Decompor a EAP até o "Nível Adequado"

Várias versões de uma EAP podem ser criadas e estarem tecnicamente corretas. Uma das variáveis é o nível de decomposição. Se um pacote de trabalho "não está gerenciável", deve ser sofrer nova decomposição, o que depende de vários fatores:

- **Experiência**

    Um gerente de projetos com menos experiência pode sentir a necessidade de maior nível de decomposição. E não há nada de errado com isso. Como estamos procurando pacotes de trabalho gerenciáveis, o que é gerenciável para um pode não ser para o outro.

124 - Campo Minado em Projetos

Exemplo: Projeto que tenha de construir uma guitarra elétrica que misture características das guitarras de Steve Vai, Joe Satriani e Jimi Hendrix.

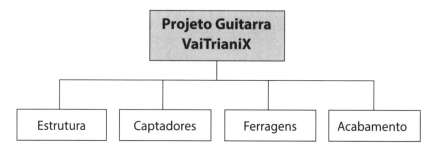
Versão com menor decomposição.

OBSERVAÇÃO: Por favor considerar os comentários da recomendação anterior!

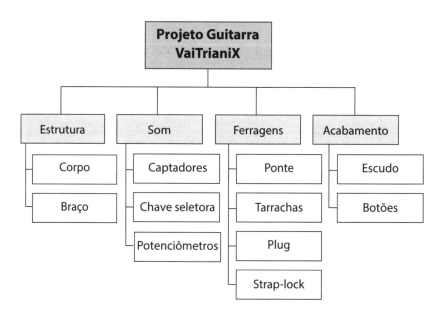
Versão com maior decomposição.

- **Aspectos metodológicos**

    A metodologia pode definir limites à quantidade de esforço, prazo e/ou custo. Neste caso, o gerente de projetos aplicará a decomposição conforme o porte dos pacotes de trabalho.

 Exemplo: "Nenhum pacote de trabalho deve exceder o esforço de 120 horas".

- **Outros fatores relevantes**

OBSERVAÇÃO: Por favor considerar os comentários da recomendação anterior!

32. CRIAR UM CRONOGRAMA COM GRANULARIDADE INADEQUADA

O plano de ação pode ser criado com diferentes níveis de detalhamento, aplicáveis em diferentes momentos.

Resumindo-se o cenário de divergências na criação do cronograma, podem-se apresentar os dois erros mais comuns:

- Na **iniciação**, criar um plano de ação **muito detalhado**.

    Este é momento em que uma ideia é avaliada em nível macro, sem detalhamento (ex.: plano de ação e estimativas) e se caracteriza por ser feito em curto espaço de tempo (proporcional às características do projeto). Fazer um cronograma muito detalhado tem seu aspecto positivo, mas não é condizente com a proposta e abordagem geral deste grupo de processo.

- No **planejamento**, criar um plano de ação com **pouco detalhamento**.

Falta de tempo e ferramentas com entrada de dados lenta são exemplos de causas para esse problema. O planejamento sem detalhes dificulta:

- Ter clara visibilidade das tarefas envolvidas.

- Saber quais são os papéis necessários.

- A alocação dos recursos nas tarefas.

- Obter estimativas mais precisas.

- O controle do andamento das tarefas.

Uma decisão incoerente é criar um cronograma com detalhamento que atenda a todos, cliente, executivos, técnicos etc. Isso não é uma boa prática por duas razões básicas:

- Pessoas e grupos diferentes precisam de visões diferenciadas. Executivos precisam de visões resumidas, o cliente deve ter visões dos marcos que têm interesse ao negócio, técnicos precisam de detalhamento, e o gerente de projetos precisa de todas as visões.

- Os softwares de gerenciamento de cronograma permitem criar tarefas totalizadoras e possuem funcionalidades de controle de visualização (maximização e minimização) das subtarefas, similares ao controle de visão de conteúdo das pastas do Windows, Mac OSx e Linux.

RECOMENDAÇÕES

Detalhamento Conforme o Ciclo de Vida

Na **iniciação**, criar um macroplano de ação, representando a abordagem que será adotada para criação das entregas (ex.: cascata ou iterativo), incluindo as etapas da cadeia de valor.

No **planejamento**, detalhar as atividades do cronograma incluindo as tarefas necessárias para sua realização.

Para avaliar se o nível de detalhamento está adequado, podem-se utilizar diretrizes balizadoras:

- Maior facilidade e consistência na alocação dos recursos nas tarefas.

- Maior conforto e precisão na estimativa das tarefas.
- O esforço das tarefas deve ter quantidade de horas significativas — ex.: no projeto de reforma do banheiro, a tarefa "remover o teto danificado" não precisa ser desmembrada em "cobrir os móveis" + "desparafusar as placas de dry wall" + "retirar as placas".

Durante a execução das tarefas o detalhamento adequado permite maior facilidade no acompanhamento da evolução das tarefas e desempenho da equipe.

 Técnicas — O Modelo da Característica do Trabalho leva à definição de tarefas mais curtas em função da relação com motivação gerada pela satisfação na conclusão das atividades.

33. REALIZAR ESTIMATIVAS PARA OS RECURSOS ERRADOS

Estimativa é sempre um tema delicado... é uma predição, uma previsão sobre o futuro baseado em dados subjetivos, e precisa considerar muitos fatores.

Em setores onde o processo de criação das entregas é padronizado e maduro, as estimativas são apuradas com maior rapidez e assertividade.

Tomemos a construção civil como exemplo, em que projetos são realizados há milênios, as tarefas são bem conhecidas e o nível de maturidade do processo é alto. As construtoras sabem muito bem quanto custa (esforço, prazo e orçamento) a construção do metro quadrado.

Em outros setores as estimativas são mais complexas, sejam por menor nível de maturidade ou pela diversidade de variáveis envolvidas. A engenharia de software é um exemplo deste cenário, em que o desenvolvimento de sistemas de informação é realizado desde a década de 1970, depende de milhares de regras de negócio da organização e pode envolver plataformas, arquiteturas diferentes.

Apesar dos profissionais especializados e da aplicação de metodologias/técnicas, é comum identificarmos grandes divergências ao término dos projetos, muitas delas relacionadas a estimativas incorretas.

Analisando por que as estimativas foram incorretas, uma das causas surge com frequência: definir estimativas sem considerar o nível de proficiência dos colaboradores que executarão as tarefas. Aí fica difícil acertar... estimar pensando na Júlia (que tem grande experiência e alto nível de produtividade) e alocar o Peter (pouca experiência e baixo nível de produtividade) na execução da tarefa. Mais comum é o ocorrido nos projetos nos quais as estimativas são feitas sem saber quem exatamente serão os executores.

RECOMENDAÇÕES

Considerar a Proficiência de Quem Vai Executar as Tarefas

Nos projetos em que se sabe quem vai participar, devem ser considerados o **nível de experiência** do profissional **nas tarefas** em que será alocado e o nível de produtividade (o quanto produz).

Em diversas ocasiões, observei tarefas sendo estimadas considerando o cargo ou a experiência geral do colaborador ser considerado.

Exemplo: Analista sênior, dez anos de experiência em desenvolvimento de sistemas — o colaborador tem grande experiência em programação COBOL para *mainframe*, mas no projeto o colaborador executará tarefas de análise de dados e programação Java (J2EE — *Enterprise Edition*).

Em outras ocasiões, observei um colaborador estimar as tarefas como se ele fosse executá-las, mas outra pessoa as executaria.

Certificar-se que os Colaboradores que Foram Considerados para Realizar as Estimativas Não Sejam Substituídos

Durante o planejamento o plano de ação é criado, as estimativas são definidas e as linhas de base (escopo, prazo e orçamento) são aprovadas. O que pode ocorrer é que os **recursos considerados durante o planejamento são substituídos**, normalmente por colaboradores com menos proficiência, afetando as estimativas e, por consequência, reduzindo as chances de sucesso do projeto.

Por esta razão é importante que o gerente de projetos **confirme a participação** desses colaboradores no projeto, deixando claro os efeitos em caso de substituição.

Nos casos em que os recursos-chave são frequentemente substituídos antes de realizar as atividades no projeto, algo diferente precisa ser feito. Como isto ultrapassa os limites de ação do gerente de projetos, pode-se procurar o apoio do gestor funcional, pois este possui autonomia e autoridade de negociação com outros gestores responsáveis pelos recursos.

Definir o Nível de Proficiência dos Profissionais que Devem Ser Incluídos no Projeto, Baseado no Qual Devem Ser Feitas as Estimativas

Em alguns projetos não se sabe exatamente quem participará do projeto.

Novamente podemos citar a construção civil (ex.: engenheiros e pedreiros) e os sistemas de informação (ex.: analistas de requisitos, programadores e analistas de teste).

Apesar desta falta de informação, pode-se realizar o planejamento considerando um determinável nível de proficiência e produtividade para cada papel necessário ao projeto.

Nessas circunstâncias, às tarefas do cronograma são alocados papéis (ex.: analista de qualidade, engenheiro, pedreiro, analista de dados, programador, analista de teste etc.). **Não adianta considerar o cargo, o tempo de empresa e a experiência geral**, mas a experiência específica nas tarefas que executará.

> **Exemplo** Programadores C# certificados com experiência mínima de cinco anos em desenvolvimento de sistemas do setor financeiro.

34. REALIZAR ESTIMATIVAS EXTREMADAS

As estimativas são intensamente tratadas durante a iniciação e o planejamento do projeto, podendo ser realizadas pelo gerente de projetos, equipe, outras áreas, gestores, especialistas e/ou fornecedores, dentre outros, dependendo das características do projeto.

Durante a iniciação, cuja abordagem tradicional é baseada em macroinformações, as estimativas têm um nível de precisão baixo. Em função desta característica, as metodologias aceitam (ou sugerem) uma margem maior.

Durante o planejamento tudo é detalhado, do escopo ao plano de ação, e volta a tratar as estimativas para as tarefas, agora com uma granularidade menor. As metodologias com razoável nível de maturidade definem limites percentuais em relação à iniciação, exigindo avaliação específica nos casos em que sejam ultrapassados.

Durante a execução, uma das atividades de gerenciamento do projeto é acompanhar o nível de assertividade das estimativas e realizar ajustes (refinamentos), além de tratar as mudanças, quando novamente se volta a realizar as estimativas.

Os problemas mais comuns são opostos: criar estimativas muito otimistas ou muito pessimistas. Várias razões contribuem para que isso aconteça:

- Grupos otimistas ou pessimistas.
- Pessoas-chave arrogantes ou inseguras.
- Metodologias que penalizam a avaliação da equipe se houver atraso, estouro de esforço ou do orçamento.

Pessoas que tiveram avaliação ruim em projetos anteriores, principalmente por estourar esforço, prazo e/ou orçamento.

Pessoas-chave que desejam criar ou manter um estereótipo de perfeição.

Não considerar mudanças na estrutura organizacional e no quadro de colaboradores etc.

RECOMENDAÇÕES

Formar uma Base

Se o gerente de projetos não tiver sólido conhecimento nos elementos organizacionais envolvidos, deve buscar esclarecimento e formar uma base para evitar apenas acompanhar as estimativas como um expectador.

Durante a iniciação, quando as estimativas têm um menor nível de precisão, deve-se:

Conhecer as principais macrocaracterísticas das entregas, caso contrário existe grande chance de subdimensionamento.

Criar um macromapeamento de colaboração, no qual as entregas do projeto estão ligadas aos elementos organizacionais envolvidos (ex.: processos e sistemas de informação).

Incluir a estimativa de todas as áreas envolvidas no projeto.

Para as estimativas definidas pela equipe, avaliar o estilo do grupo. Se detectado que o grupo é otimista ou pessimista, buscar balizamento apresentando considerações baseadas em comparações, para refinar as estimativas.

Avaliar as estimativas de outras áreas e do fornecedor, buscando esclarecimento para as estimativas que considerar muito baixas ou muito altas.

> ATENÇÃO: Para essas ações é necessária uma abordagem adequada a fim de evitar a criação de situações desconfortáveis;

- Em geral, realizar uma comparação das entregas e trabalho necessário buscando um balizamento geral e a identificação de estimativas sub ou superdimensionadas.

Durante o planejamento, quando as estimativas devem ser mais precisas, deve-se:

- Conhecer as principais macrocaracterísticas das entregas, caso contrário existe grande chance de subdimensionamento.
- Criar um macromapeamento de colaboração no qual as entregas do projeto estão ligadas aos elementos organizacionais envolvidos — exemplos: processos e sistemas de informação.
- Incluir a estimativa de todas as áreas envolvidas no projeto.

35. ALOCAÇÃO INCONSISTENTE DE RECURSOS

Isto ocorre com certa frequência nas empresas que não possuem gerenciamento integrado de seus colaboradores.

Quando um colaborador é disponibilizado para o projeto, normalmente isto é interpretado como o mesmo que estar disponível oito horas por dia para o projeto (no calendário tradicional). Isto nem sempre é verdade.

Em reunião, o gestor funcional garante: "O Zé estará disponível para este projeto em período integral". Em algumas situações, deste momento até o momento em que o Zé deve atuar no projeto "muita água passa embaixo da ponte" e algumas mudanças podem acontecer:

- O Zé ser alocado em outro projeto "mais prioritário" e ser substituído pelo Ricardinho (com bem menos experiência).

- O Zé ser alocado em outro projeto no mesmo período, reduzindo sua disponibilidade.

- O Zé ser obrigado a sair de férias pelo RH, pois estava para acumular o terceiro ano que não saía de férias.

- O Zé estar bastante envolvido em atividades operacionais de sua área.

- O Zé ser inscrito em treinamentos que não dizem respeito ao projeto.

- O Zé fazer parte de um novo grupo de qualidade.

- O Zé ser nomeado representante da área e fazer parte de várias reuniões durante o projeto.

- O Zé ficar responsável por definir o orçamento da área, substituindo temporariamente seu gestor etc.

O gerente de projetos que aloca os colaboradores em período integral no projeto não está considerando os riscos relativos à disponibilidade deles.

RECOMENDAÇÕES

Verificar a Real Disponibilidade

É importante certificar-se quantas horas por dia o projeto poderá contar com cada colaborador.

Uma simples **lista de checagem** pode ajudar a cobrir os principais fatores:

- Qual o número de horas disponível para o projeto?

- Está inscrito em algum curso?

- Faz parte de algum grupo de trabalho?

- Vai assumir responsabilidade de outros da sua área (em função de férias, cursos, projetos etc.)?

- Tem férias vencidas?

- Quando vencem as próximas férias?

- Está prevista participação em outro projeto?
- Tem responsabilidades sobre as operações?
- Existe alguma atividade operacional significativa (em termos de esforço)?
- Está prevista mudança de área?
- Possui conhecimento e experiência únicos?

Alocar os Recursos em Número de Horas Realistas

Conforme resultado da verificação, o cronograma deve ser criado considerando as horas realmente disponíveis. Isto pode derivar:

- Alocação parcial em um determinado período.
- Alocação parcial no projeto todo.
- Alocação maior em determinado período (ex.: gestor funcional autorizou horas extras na primeira semana do projeto).

As ferramentas de gerenciamento de cronograma permitem que isto seja feito por meio do calendário específico de recursos ou da grade de alocação (horas alocadas para cada recurso, em cada atividade, em cada dia).

Exemplo: Considerar apenas sete horas/dia de disponibilidade do colaborador Peter, apesar de não estar alocado formalmente em nenhum outro projeto, pois é chamado com alguma frequência para dar apoio à resolução de problemas operacionais.

Gerenciar o Risco de Perder Disponibilidade de Recursos

Desta forma, pode-se incluir o risco na "lista de riscos particular" do gerente de projetos (veja item 42. *Divulgar os riscos inadequadamente*), analisá-lo e definir resposta compatível com sua relevância.

Planejamento - 135

Exemplo

Por experiência, sabemos que a Tatiana (da área YYZ) é a única pessoa na empresa com certos conhecimentos.

Sua área "apaga muitos incêndios" e ela raramente consegue ter a disponibilidade planejada para os projetos. Em nosso projeto ela tem responsabilidades-chave, das quais o projeto tem grande dependência.

Se não houve nenhuma mudança no contexto organizacional (em outras palavras, tudo continua na mesma), o risco "não contar com a Tatiana conforme planejado" pode ser considerado de alta probabilidade. Em função de suas responsabilidades, o impacto é alto. Portanto o risco tem alta relevância e deve ser tratado adequadamente.

Obter Comprometimento para Recursos-chave

A perda de capacidade de trabalho para alguns recursos pode ser crítica para o projeto.

Mesmo passando pela lista de checagem acima, os recursos muito disputados na empresa estão sujeitos a outras situações especiais que resultam na redução do tempo em que estão alocados no projeto.

Uma vez que o cronograma será criado contando com uma determinada disponibilidade, qualquer mudança pode afetar o andamento, criando novos riscos e aumentando a relevância de riscos já mapeados. Se as atividades estiverem no caminho crítico, o atraso é certo, proporcional à redução da disponibilidade.

Normalmente o gerente de projetos não tem autonomia para obter comprometimento das pessoas-chave no projeto, portanto, vai precisar envolver alguém que possa conversar com o gestor dos recursos-chave e assegurar a participação. O candidato natural é seu gestor ou alguém que ele/ela indique.

Não Contar com o Recurso

O objetivo do planejamento é criar um plano viável de execução para produzir as entregas dentro de determinadas expectativas. Não adianta criar um plano incoerente.

136 - Campo Minado em Projetos

Se sabemos que existe grande chance de perder um determinado colaborador durante o projeto ou contar com menos horas do que combinado, manter o plano considerando sua participação em período integral é aceitar os riscos decorrentes. Aceitar riscos relevantes é a pior opção, portanto, a resposta ao risco deve ser adequada.

Se não for "garantida" a participação pelo gestor funcional, podemos:

- **Substituir** — solicitar outro recurso com mesmo conhecimento e experiência para que possa ser garantida participação integral.
- **Terceirizar** — trazer do mercado um especialista para atuar no papel. Uma vez que está sendo proposta uma resposta que inclui gastos não previstos, a argumentação deverá ser convincente para ter aprovação.

Exemplo

Gerente de projetos: "Gestor, gostaria de R$ 18.000 para subcontratar um arquiteto na tecnologia YYZ para o projeto X".

Gestor: "Como assim, Gambini, tá ficando louco?! Nós não temos uma área de arquitetura?"

Gerente de projetos: "Sim, e eles são ótimos. O problema é que o João foi afastado por dois meses por problemas médicos, a Roseli foi alocada em um projeto de prioridade máxima em outra unidade de negócio e não estará disponível nos próximos dez meses. A Júlia terá que sair de férias em dez dias porque não pode acumular o terceiro ano de férias. Os colaboradores que estão na área já estão trabalhando com hora extra há um mês. Os projetos em que estão envolvidos estão todos atrasados em função da indisponibilidade deles.

E, para complicar, estou sabendo que três novos projetos (que vão precisar dos arquitetos) vão começar na próxima semana e têm maior prioridade que nosso projeto. Portanto, as chances de contar com nossos arquitetos conforme planejado é mínima...

Nosso cliente indicou que, se o projeto atrasar, nossa empresa não poderá participar de algumas concorrências que temos grande chance de ganhar e cujo resultado operacional deve aumentar em 35% o faturamento anual da área (algo em torno de R$ 9 milhões). Para evitar este impacto operacional na empresa decorrente do inevitável atraso do projeto (em função da participação da arquitetura) estou pedindo sua aprovação para incluir R$ 18.000 no projeto".

Nada melhor que falar a linguagem do negócio...

Não adianta explicar com sua perspectiva, mas sim na perspectiva de quem aprova.

36. AJUSTES INDEVIDOS DAS ESTIMATIVAS PELOS GESTORES FUNCIONAIS

Isto não ocorre em toda empresa, nem em toda área, nem em todo projeto, mas acontece...

É comum que os gestores acompanhem as estimativas dos projetos, e isto depende da metodologia implantada na gestão de demandas: apenas os projetos mais importantes, os de maior porte, com características especiais etc.

Os técnicos realizam as estimativas envolvendo pessoas, áreas, parceiros, entidades governamentais etc., e chegam a um total de esforço (horas), prazo (dias) e orçamento ($).

Já observei gestores solicitando esclarecimento sobre alguns projetos (em diferentes níveis de detalhamento conforme: a relevância do projeto, o total de esforço, prazo e/ou orçamento, ou outro critério pertinente) e alterando as estimativas.

Nesses casos houve várias razões para esses ajustes:

- O gestor se baseou em sua experiência (muitas vezes sem considerar quem executaria as tarefas, o uso de metodologia, tempos exigidos pelo processo etc.).
- O gestor considerou as estimativas superdimensionadas e entende que as tarefas são mais simples e fáceis do que a equipe identificou.
- O gestor não considera necessárias as horas adicionais incluídas como resposta aos riscos.

- As estimativas ultrapassaram certos limites que exigiriam aprovação da diretoria (e o gestor não queria escalar a aprovação para o projeto).

- O gestor considerou as estimativas subdimensionadas e sugere aumentá-las.

RECOMENDAÇÕES

Persuadir o Gestor

Se o gestor sugeriu reduzir as estimativas e o gerente de projetos está convencido de que não são adequadas, é necessário tentar persuadir o gestor em relação às estimativas apresentadas pela equipe. Algumas ações podem ajudar neste momento:

- Apresentar detalhes técnicos (em nível adequado) que mostrem que as tarefas são mais complexas do que o gestor acredita — aspectos de arquitetura, dependência de elementos organizacionais (ex.: sistemas de informação, processos) etc.

- Apresentar detalhes relacionados ao processo de criação das entregas no projeto — etapas, atividades e técnicas que devem ser aplicadas, ciclos de teste e homologação, etapas com datas predefinidas às quais o projeto deve se adequar (ex.: teste corporativo duas vezes ao mês) etc.

- Apresentar detalhes relacionados às partes interessadas, indicando pessoas, áreas, fornecedores e entidades externas envolvidas etc.

O importante neste momento é ser inteligente e saber como persuadir o gestor. É um processo de negociação! Saber com quem está lidando, identificar o que é importante ao gestor, ajustar a comunicação, observar as reações e adaptar a abordagem são passos básicos para ter mais chances de sucesso.

E neste processo de negociação você poderá encontrar duas posturas no gestor:

- Abertura aos esclarecimentos e humildade de reconhecer que pode estar errado — você tem grandes chances de sucesso nesta negociação e em manter as estimativas identificadas pela equipe.

- Falta de abertura aos esclarecimentos, arrogância, aplicação indevida de poder (carteirada) etc. Esqueça... você tem pouquíssimas chances de manter as estimativas originais. Recomendo que deixe uma porta aberta com o gestor para pedir apoio caso a equipe enfrente os problemas que o gestor acredita que não existirão, indicando que o grupo não terá autonomia suficiente para os resolver.

Aceitar a Sugestão do Gestor

Sugerir o aumento das estimativas não é o que normalmente acontece. Quando o gestor sugere aumentar as estimativas é porque percebe que alguns fatores não foram considerados:

- Elementos sistêmicos.

- Dependências externas.

- Processos organizacionais.

- Nível de complexidade de elementos relacionados ao projeto.

- Dependências de outros projetos.

- Riscos que a equipe não considerou.

- Tempo necessário exigido por certas áreas e/ou processos da organização aos quais o projeto está submetido etc.

37. PERCENTUAL DE ALOCAÇÃO INADEQUADO AO GERENCIAMENTO DO PROJETO

Este problema é decorrente de uma dúvida que os gerentes de projetos frequentemente vivenciam: "Quanto tempo devo me alocar no projeto para realizar o gerenciamento?".

Existe uma **tendência** em decidir **conforme o "porte do projeto"**, como se o número de entregas, prazo e orçamento fossem os elementos-chave exclusivos para decidir sobre a alocação do gerente de projetos. Apesar de esses fatores serem relevantes, existem outros, tão ou mais relevantes, que devem ser considerados.

> **Exemplo**
>
> Desenvolvimento de sessenta novas consultas e relatórios para um sistema de informação de contabilidade, com estimativa de 7.000 horas de trabalho.
>
> Em empresas onde estes números são classificados como "projeto de grande porte", isto poderia definir maior percentual de alocação para o gerenciamento.
>
> Mas, e se:
>
> - O projeto envolve apenas uma área.
> - A equipe que criará as entregas trabalha há muito tempo junta, tem bom relacionamento, conhece muito bem o negócio, o sistema e o ambiente.
> - 95% das entregas têm nível de complexidade simples.
> - O cenário é muito parecido com os projetos anteriores, os quais foram executados com tranquilidade e concluídos no prazo e orçamento, com a qualidade esperada, deixando o cliente muito satisfeito.
>
> Resumo: em uma empresa que classifica este projeto como de "grande porte", o nível de gerenciamento exigido parece ser pequeno.

A resposta é simples: **depende!** Cada projeto tem seu contexto e isto é que vai definir a dimensão da necessidade de gerenciamento. Em outras palavras, um gerente de projetos pode ter capacidade para gerenciar vários projetos simultaneamente ou, em certos casos, apenas um.

Existem várias razões que contribuem para uma alocação inadequada do gerente de projetos:

- **Inércia** — Adotar o mesmo percentual que o projeto anterior.
- **Pressão pelo gestor** — O gestor funcional, não compreendendo os fatores que devem ser considerados para calcular o tempo necessário para gerenciar o projeto, acaba "sugerindo" um determinado percentual (normalmente insuficiente). Isso acaba sendo mais intenso à medida que o colaborador tem mais *senioridade* (cargo).
- **Aspectos metodológicos** — Metodologias de gerenciamento de projetos com menor nível de maturidade não definem o percentual de alocação para gerenciar o projeto ou definem um percentual padrão que não considera adequadamente o contexto do projeto.

- **Falta de referência** — Empresas que não possuem cultura nem mecanismo de gestão de conhecimento deixam o gerente de projetos sem meios formais de encontrar outro projeto que possa servir como referência para o ajudar a identificar o esforço necessário para gerenciar o projeto.

- **Falta de iniciativa** — O gerente de projetos não busca apoio de um gerente de projetos mais experiente. Isso pode ter várias causas como timidez, insegurança, receio de ser estereotipado, aspectos culturais ou políticos.

RECOMENDAÇÕES

Saber Analisar o Contexto do Projeto

É necessário saber o que observar e como analisar os fatores que definem o contexto do projeto.

Metodologias de gerenciamento de projetos com maior nível de maturidade possuem estas definições e fórmulas para indicar o percentual de gerenciamento recomendado. Se o gerente de projetos não puder contar com isso, deverá encontrar seus próprios meios.

Abaixo seguem alguns dos principais fatores que devem ser avaliados:

- **Experiência do gerente de projetos**

  Não devemos confundir cargo e experiência em sua área com o nível de proficiência em gerenciamento de projetos. Em outras palavras, um analista de dados sênior tem muito conhecimento e experiência na modelagem de dados, mas pode ter pouquíssima experiência em gerenciamento de projetos, além das respectivas habilidades-chave pouco desenvolvidas.

- **Entrosamento da equipe**

  O pior cenário é quando a equipe nunca trabalhou junta. Aspectos comportamentais agravantes são arrogância, timidez e dificuldade de comunicação. Aspectos pessoais agravantes são descontentamento profissional, conflitos ou divergências que afetaram o relacionamento.

Campo Minado em Projetos

■ **Conhecimento sobre o negócio**

O pior cenário é aquele em que a equipe e os colaboradores da área de negócio não têm conhecimento sobre o negócio. Realocações, reestruturações, perda de recursos para o mercado, indisponibilidade de pessoas-chave são exemplos de causas.

■ **Mudanças organizacionais**

Fusão, processos, metodologias, estrutura, comunicação são exemplos que podem afetar diretamente o andamento do projeto.

■ **Número de áreas envolvidas**

O gerenciamento das partes interessadas pode exigir muito do gerente do projeto, incluindo a garantia de envolvimento em nível adequado. Isto é potencializado em decorrência de aspectos organizacionais como estrutural, político e cultural.

■ **Conhecimento sobre o ambiente organizacional**

■ **Proficiência técnica**

■ **Solução inédita na empresa**

■ **Inovação tecnológica**

■ **Inovação na arquitetura da solução**

■ **Uso de novos materiais**

■ **Uso de novas ferramentas**

■ **Uso de novas técnicas**

■ **Características comportamentais**

■ **Mudanças na área solicitante**

■ **Novas parcerias**

■ **Primeira vez que atua com fornecimento externo**

■ **Novo fornecedor**

■ **Primeira vez que a equipe contará com colaboradores subcontratados**

Planejamento - 143

- Número de diretorias envolvidas
- Nível de autonomia do gerente do projeto
- Disputas políticas
- Aspectos culturais etc.

Definir o Percentual de Alocação

Realizada a análise do contexto do projeto, o gerente de projetos deve avaliar qual o esforço necessário ao gerenciamento.

Algo que deve ser considerado é a variação da necessidade, visto que o gerenciamento de projeto não é linear. Em outras palavras, o projeto pode não precisar do mesmo percentual de alocação do gerente de projetos durante o projeto todo. Devem ser considerados os fatores relevantes identificados para definir o percentual nos respectivos períodos.

Exemplo

...de picos de gerenciamento:

Projeto cuja equipe não tem entrosamento anterior e primeiro projeto que contará com um novo parceiro. O percentual de gerenciamento deverá ser maior nos períodos que garantam uma interação adequada à equipe (normalmente no início do projeto) e uma dinâmica que garanta a participação esperada do parceiro (normalmente nas primeiras iterações).

...de picos mais longos de gerenciamento:

Projeto com participação de 45 áreas da empresa. Uma vez que deve ser garantida a participação com nível de comprometimento adequado, isso exigirá mais do gerente do projeto por mais tempo, pois trata-se de fatores humanos e organizacionais (política, cultura etc.).

...de vários picos de gerenciamento:

Nova metodologia, nova arquitetura da solução, fornecimento externo inédito, reestruturação prevista durante a execução do projeto. Este projeto terá vários picos de gerenciamento devido a diferentes razões. Isso fará com que o esforço exigido do gerente de projetos acabe por ser maior durante o projeto todo.

Considerando uma visão simplificada, o gerenciamento terá as duas macroatividades: planejar o projeto (durante o planejamento) e gerenciar o projeto (durante sua execução, a qual inclui as atividades de monitoramento e controle).

O efeito da decisão acima afeta a quantidade de horas em determinados períodos destas atividades, conforme o resultado da análise do contexto do projeto. Neste caso, deve ser utilizada a grade de esforço por atividade do software gerenciador de cronograma, indicando o número de horas em cada período.

Exemplo

Atividade: Planejar o projeto (80% gerente de projetos)

Atividade: Gerenciar o projeto (1º mês, 40%, 2º mês, 25%, demais meses, 10%)

Se o gerente de projetos tiver outro papel no projeto, terá menor disponibilidade nos dois primeiros meses.

É recomendado buscar uma validação com gerentes de projetos mais experientes ou com o escritório de projetos (PMO).

A visão de outra pessoa evita que incorramos em vícios, garante que a análise foi adequada e dá subsídios para o próximo passo (aprovação).

Aprovar o Percentual de Alocação

O plano de ação deverá ser aprovado, pois será base para definição de acordo sobre o esforço, prazo e orçamento do projeto.

Normalmente, o gerente de projetos não tem alçada para definir o plano e buscar aprovação diretamente com a área-cliente. Nestes casos, este plano é aprovado por um gestor funcional ao qual o gerente de projetos esteja ligado.

Neste momento, o gestor fará alguns questionamentos, principalmente se a alocação do gerente de projetos estiver acima do que estiver acostumado ou do que entender que é o ideal. O gerente de projetos terá que apresentar os argumentos que justifiquem o percentual de alocação, inclusive lidando com a tendência que alguns gestores têm de subdimensionar o esforço de gerenciamento.

Devemos lembrar que uma alocação maior para gerenciamento significa menor disponibilidade do colaborador para outros projetos, atividades operacionais e demais responsabilidades em sua área.

Portanto, a argumentação deve ser persuasiva e considerar o estilo que o gestor funcional possui.

38. DISCUTIR NÍVEIS INADEQUADOS DO PLANO DE AÇÃO

O cronograma é essencial ao projeto e concentra entregas e as tarefas necessárias para sua criação, os recursos alocados, estimativas, orçamento, informações sobre o andamento etc.

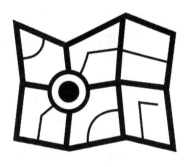

O cronograma tem menos detalhes durante a iniciação e é refinado durante o planejamento, criando uma versão bem detalhada do plano de ação do projeto.

Submetido à aprovação da área-cliente, o cronograma é aprovado e então são definidas as linhas de base, prazo e orçamento (a linha de base de escopo já foi definida).

Uma vez que a comunicação é intensa e várias pessoas participam destas atividades, a questão é "qual o nível de detalhamento deve ser adotado?". Seja no momento em que o cronograma está sendo definido ou depois da linha de base de prazo estipulada, existe a possibilidade de o gerente de projetos errar na granularidade durante essas discussões. Algumas causas mais comuns que levam ao erro:

- Perfil controlador de alguns colaboradores-chave.
- Gestor que não conseguiu se desprender dos aspectos técnicos que não são pertinentes a suas responsabilidades (ex.: gestor que solicita ao gerente do projeto informações superdetalhadas sobre a arquitetura da solução).

- Técnicos que atualmente atuam na área de negócio.

- Gerente de projetos com perfil intimidador (ex.: utiliza linguajar técnico em inglês com pessoas que não têm conhecimento sobre o assunto).

- Pessoas com necessidade de autoafirmação.

RECOMENDAÇÕES

Utilizar o Nível de Detalhe Adequado ao Público Envolvido

É uma regra básica da boa comunicação, utilizar o necessário para atender os objetivos, nem mais nem menos, com terminologia que o ouvinte conheça. Portanto, o que não é pertinente aumenta o volume de informação, mas não agrega e atrapalha o foco da comunicação.

Com o cliente:

- **Discutir a macrovisão do cronograma**

    Isto inclui alguns marcos (milestones), as etapas que dizem respeito ao negócio, as tarefas nas quais participará ou tem interesse especial.

    Detalhes técnicos geralmente não interessam aos colaboradores da área de negócio. Ex.: de que adianta discutir tarefas relacionadas ao design orientado a objetos de um sistema de informações (assunto extremamente técnico) com um analista de negócio cujo conhecimento é a comercialização de consórcio?

Com os gestores das áreas técnicas:

- **Nível intermediário de detalhes**, conforme as responsabilidades do gestor. Ex.: discutir o modelo físico de dados com um diretor (que foi no passado um analista de banco de dados).

    É necessário conquistar a confiança do gestor, de forma que ele entenda que a tarefa está em boas mãos.

Com os analistas das áreas técnicas:

- **Nível alto de detalhamento**

    Estes especialistas são quem realmente precisam discutir os detalhes, pois decisões técnicas devem ser tomadas, e isso refletirá no plano de ação que será discutido com o gestor e com o negócio.

Utilizar os Recursos dos Softwares de Gerenciamento de Cronograma

Estas ferramentas oferecem várias possibilidades para realizar comunicação no nível adequado indicado no item acima. Ex.: macrovisão das tarefas, inclusão de colunas que indiquem se é apropriado ao cliente ao não.

Transparência Apropriada ao Público

Sou adepto da transparência, mas que o **conteúdo** seja **adequado** às pessoas com quem esteja discutindo.

Exemplo: Um dos temas que gerou muita discussão em grupos de estudo: adotar técnica de *corrente crítica* para elaboração do cronograma. Alguns tinham a opinião que deveria ser apresentado ao cliente/usuário. Outros achavam que não deveria ser apresentado a ninguém. Outros achavam que deveria ser apresentado à equipe, mas não ao cliente/usuário. Eu concordo com o 3º grupo.

De forma bem simplificada, transferir as "margens" das tarefas (informalmente conhecidas como "gordurinhas", aquelas horas adicionais incluídas como medida de segurança em função de incertezas) para uma "tarefa pulmão" (*buffer*), administrada pelo gerente de projetos.

Entendo que a equipe (núcleo da equipe que está diretamente ligada à criação das entregas) deve saber que a técnica foi utilizada e conhecer os detalhes.

Com a área-cliente eu não entendo ser necessário entrar neste nível de detalhe, pois foi uma abordagem, uma técnica adotada com objetivo de atender o prazo acordado.

39. FALTA DE CONHECIMENTO SOBRE O SOFTWARE DE GERENCIAMENTO DE CRONOGRAMA

As empresas adquirem softwares que auxiliam na criação e manutenção dos planos de ação, podendo ter funcionalidades avançadas de compartilhamento de recursos, referência cruzada de projetos, vínculo com dependência a outros projetos etc.

Muitas vezes o gerente de projetos é nomeado sem ter experiência no software de gerenciamento de cronogramas, o que acarreta:

- Um uso limitado, deixando de utilizar funcionalidades importantes que garantem consistência e agilidade.
- Aplicação indevida de conceitos e técnicas de gerenciamento de projetos.
- Uso indevido de funcionalidades.
- Dificuldade e maior esforço para manter o cronograma.
- Inconsistência nas informações durante o projeto.

A falta de tempo, limitação de orçamento para investimento em capacitação e agenda interna de treinamento incompatível com o projeto são as causas mais comuns. Esta é uma visão estreita e limitada que não considera o retorno do investimento.

RECOMENDAÇÕES

Capacitação

E-Learning (para introdução e nível básico) e presencial para níveis intermediário e avançado.

Gestão de Conhecimento

Busca de informações por meio de portal ou mecanismo de compartilhamento de informações.

Apoio de Outros Gerentes de Projetos

Busca de informações por meio da experiência de colegas no papel, sinergia, portal de informações.

Gestão de Conhecimento Externa

Grupos de discussão especializados.

Mentoring

Apoio de um profissional experiente esclarecendo dúvidas pontuais do gerente de projetos.

Capítulo 8

Gerenciamento de Riscos

40. NÃO GERENCIAR OS RISCOS DO PROJETO

Isto é absolutamente desaconselhável, mas alguns fatores podem fazer com que aconteçam:

- Falta de tempo (a causa mais comum).
- Inércia ("os problemas acontecem de qualquer forma, mas a gente lida com eles à medida que acontecerem").
- Pressão do gestor.

Isto não é regra, mas pode acontecer por diferentes razões:

- **Uma questão cultura**l — o gerente de projetos nunca utilizou esta prática, mas conseguiu concluir seus projetos anteriores, apesar dos atrasos, estouro nos orçamentos, impactos ao negócio e desgaste das equipes.
- **Resistência à metodologia** — pode não concordar com a relevância da prática de gerenciamento de riscos.
- **Preferir uma "abordagem de trincheira"** — (mãos à obra!).

Para mais detalhes, veja o item *49. Não definir resposta adequada aos riscos mais relevantes*.

RECOMENDAÇÕES

Mudança Cultural

O gerente de projetos deve persuadir as pessoas com inteligência quanto aos benefícios da prática, utilizando situações em projetos anteriores que poderiam ter sido evitadas com tratamento dos riscos.

Se a resistência vem da equipe, utilizar argumentos relacionados ao impacto às pessoas como:

- Horas de trabalho não planejadas em função de problemas ocorridos.
- Desgaste pelo trabalho adicional e estresse.

- Com o sucesso do projeto, a imagem positiva que é criada (e que pode auxiliar nos mecanismos associados à carreira).

Se a resistência vem do gestor, utilizar argumentos relacionados ao impacto ao negócio e ao gestor:

- Dificuldades com a equipe do projeto em função de descontentamentos derivados dos problemas.
- Impactos no negócio — faturamento, concorrência, posicionamento estratégico etc.
- Impactos organizacionais — desgaste com seu diretor e com a área de negócio.

Técnicas: Compartilhamento das Responsabilidades, Matriz/Tabela de Papéis e Responsabilidades, as técnicas apresentadas no livro *Os 7 hábitos de pessoas altamente eficazes*, Liderança Carismática, Teoria da Análise Transacional de Berne, Modos de Persuasão. Técnicas básicas de persuasão podem ser aplicadas individualmente ou em conjunto.

41. GERENCIAMENTO DE RISCOS É ATRIBUIÇÃO EXCLUSIVA DO GERENTE DO PROJETO

Gerenciar riscos é algo que toda a equipe deve realizar.

Em última instância, o gerente de projetos é responsável pelos riscos do projeto. Isto não significa que ele/ela vai encontrar os riscos sozinho, analisar, definir e implantar a resposta, além de acompanhar sua efetividade.

A equipe toda participa dessas atividades. Podem ser envolvidos usuários da área de negócio, gestores, especialistas que nem participam da equipe do projeto.

RECOMENDAÇÕES

Implantação da Cultura na Equipe

No início do projeto, o gerente de projetos deve apresentar, de forma simplificada e prática:

- Definição de risco, causas e efeito.
- Por que é essencial gerenciar os riscos.
- Como os riscos serão registrados e mantidos.
- A dinâmica que será utilizada (da identificação ao acompanhamento das respostas).
- Como a relevância dos riscos será classificada.
- E, principalmente, qual o papel de todos.
- Realizar uma rodada inicial com exemplos simples:
- Identificando alguns riscos.
- Realizando o registro.
- Realizando análise.
- Definindo resposta.
- Delegando a implantação da resposta.
- Acompanhando a efetividade das respostas.
- Alteração da relevância e do status dos riscos.

Técnicas
Liderança Situacional, Modelo de Desempenho da Equipe, Compartilhamento das Responsabilidades, Matriz/Tabela de Papéis e Responsabilidades, as técnicas apresentadas no livro *Os 7 hábitos de pessoas altamente eficazes*, Liderança Carismática, Teoria da Análise Transacional de Berne, Modos de Persuasão. Técnicas básicas de persuasão podem ser aplicadas individualmente ou em conjunto.

42. DIVULGAR OS RISCOS INADEQUADAMENTE

Este erro está relacionado com o purismo na aplicação das práticas ligadas à gestão dos riscos, envolvendo questões relativas à comunicação.

De maneira geral, a primeira e básica questão é "quem terá acesso a quais riscos?". Isso pode ser definido no plano de gerenciamento de comunicação, no qual são estabelecidos "o que (e com qual granularidade) será informado para quem, quando e por meio de qual mecanismo". Atualmente, é comum o uso de softwares para gestão de conhecimento sobre o projeto, incluindo a publicação dos riscos dele.

É, portanto, necessário atentar a certas decisões, as quais podem até gerar consequências negativas ao projeto e à relação entre as pessoas (que ultrapassam as fronteiras do projeto):

- Enviar a lista completa de riscos para todos as partes interessadas.

    Imagine um gestor da área de negócio (solicitante do projeto que criará um novo sistema de informações), recebendo uma lista com 45 riscos relacionados a engenharia de software, subcontratação de programadores, arquitetura Java, uso de nova ferramenta para distribuição do software, ambiente de homologação etc. Além de inapropriado (porque não acrescenta em saber esta informação) é fator gerador de pânico, principalmente se o projeto é de alta prioridade para a área solicitante.

- Publicar riscos relacionados a aspectos comportamentais da equipe.

    Não é incomum que algumas pessoas tenham características que gerem risco ao projeto. Ex.: timidez, arrogância, intolerância etc. Os riscos decorrentes do perfil pessoal existem, mas a questão é como registrá-los. Imagine o Zé (integrante da equipe do projeto) lendo o risco "atmosfera de pessimismo na equipe" cuja causa é o perfil comportamental dele.

A segunda questão está relacionada à forma como os riscos chegam às partes interessadas para que sejam discutidos.

Os riscos mapeados no projeto são de naturezas diferentes (técnicos, contratuais, metodológicos, cadeia de valor etc.), muitas vezes relacionados a áreas específicas (ex.: negócio, arquitetura, etc.).

Boa parte dos riscos, independentemente da área aos quais estão relacionados, pode ser analisada pela equipe, contudo, alguns riscos precisam ser discutidos com pessoas ou áreas específicas.

Em se tratando de um grupo técnico, apesar de não ser recomendado, pode-se considerar a opção de enviar a lista de riscos apuradas para que o especialista ou a área especialista avalie e complete as informações, principalmente se este grupo já está acostumado com esta dinâmica.

Mas isso não é regra e, pensando no gerenciamento das partes interessadas, algumas práticas são inadequadas:

- Enviar um e-mail do gênero: "em anexo segue a lista de riscos relativos à área de negócio".

Já observei ocorridos como este, em que o gerente de projetos simplesmente defendia a ideia de que cada área tinha de tratar os "seus riscos".

Muitas coisas erradas aqui... Primeiramente, os riscos são do projetos e não das áreas ou das pessoas. Segundo, mesmo que sejam relativos a áreas específicas, a ideia é canalizar a discussão com pessoas/grupos/áreas adequadas a cada tema.

RECOMENDAÇÕES

Definir uma Estratégia de Publicação de Riscos

Inevitavelmente "filtros" devem ser aplicados à relação completa de riscos, conforme quem os consulta. Isto pode ser feito por meio da configuração do software de gestão de conhecimento do projeto ou mantendo várias listas de riscos.

- **Lista de risco pública:** manter os riscos que podem ser visualizados pela equipe e demais pessoas interessadas.
- **Lista de risco pública filtrada:** opção indicada em implementações que permitem definir autorização de visualização por perfil ou até individualmente.
- **Lista de riscos exclusiva do gerente de projetos:** manter registro dos riscos relacionados à equipe, aos gestores, às questões políticas e culturais etc.

Definir uma Abordagem para Discussão dos Riscos

Avaliar as áreas que devem participar do mapeamento e análise dos riscos, definindo a dinâmica e os mecanismos de comunicação.

O ideal é agrupar os riscos conforme sua natureza, realizando vários *brainstorms* com as pessoas adequadas a cada tema.

43. NÃO IDENTIFICAR OS PRINCIPAIS RISCOS DO PROJETO

Depois de criar o plano de gerenciamento de riscos, deve-se identificar os riscos, analisá-los e definir uma resposta conforme sua relevância.

Um dos grandes problemas que uma equipe pode enfrentar é não conhecer os principais riscos do projeto, principalmente os de impacto negativo. Neste caso, a equipe poderá enfrentar imprevistos significativos que vão interferir no andamento do projeto, impedindo que os objetivos deste sejam atingidos.

Vários fatores podem contribuir para essa situação:

- **Não considerar o gerenciamento de riscos uma prática essencial.**

    A equipe pode considerar algo supérfluo — ex.: "Até hoje sobrevivemos sem isso…"

- **Não dedicar o tempo necessário.**

  Levantar os riscos do projeto exige um determinado tempo. Algumas equipes simplesmente subvalorizam o tema, realizando uma rápida reunião para mapear os riscos.

- **Falta de experiência em gestão de riscos.**

  A equipe pode simplesmente não ter vivência nesta prática e realizar um mapeamento muito superficial. Neste caso, pode-se dizer que a "culpa" é do gerente de projetos, pois ele é quem deve trazer esta cultura e estimular o grupo na identificação dos riscos.

- **Falta de experiência no tipo de projeto.**

  Quando a equipe não tem muita experiência no tipo de projeto em que está atuando, falta bagagem para o grupo identificar os riscos.

- **Falta de referência.**

  Se a equipe tem dificuldade em acessar o histórico de outros projetos não consegue aprender com o passado. Se não utiliza uma referência que dirija a etapa de identificação de riscos, realizará uma lista "fraca" (superficial e incompleta).

RECOMENDAÇÕES

Estabelecer a Cultura

O gerente de projetos tem a responsabilidade de levar à equipe a cultura do gerenciamento de riscos de forma que todos entendam do que se trata, sua relevância e que todos estão envolvidos neste assunto.

Gerenciamento de riscos não é "coisa de gerente de projetos", mas da equipe toda. Todos precisam entender que devem contribuir e estar comprometidos com o assunto, pois podem ser os únicos na equipe com conhecimento e experiência necessários para identificar determinados riscos.

Técnicas: Compartilhamento das Responsabilidades, Matriz/Tabela de Papéis e Responsabilidades, as técnicas apresentadas no livro *Os 7 hábitos de pessoas altamente eficazes*, Liderança Carismática, Teoria da Análise Transacional de Berne, Modos de Persuasão. Técnicas básicas de persuasão podem ser aplicadas individualmente ou em conjunto.

Conhecer o Passado

Nas empresas que possuem mecanismo e cultura de gestão de conhecimento, é comum que os riscos de projetos anteriores estejam disponíveis, facilitando o levantamento para a equipe de projeto. Caso não tenha acesso ao registro do histórico dos projetos, o grupo pode conversar com os gerentes de projetos similares que foram realizados no passado.

Ampliar o Networking de Conhecimento

A equipe pode procurar pessoas com vivência nos diferentes assuntos associados ao projeto, mesmo que não estejam alocadas no grupo do projeto. A bagagem desses colaboradores facilita e agiliza o mapeamento dos riscos do projeto, a análise e também a definição das respostas.

Utilizar uma Referência

Basta um checklist com as categorias de causas de risco para dar o subsídio necessário para dirigir o esforço da equipe na exploração de temas que podem ser potenciais geradores de risco. Quão mais completo, mais efetivo, melhor permite análise do contexto em maior nível de detalhamento.

Técnicas: Checklist e RBS (*Risk Breakdown Structure*) são exemplos que podem ser aplicados individualmente ou em conjunto.

44. MAPEAMENTO DE RISCOS COM GRANULARIDADE INADEQUADA

Riscos gigantes são um problema...

Todo projeto está sujeito a quatro "mega riscos": "Não produzir todas as entregas", "Atrasar o projeto", "Estourar o orçamento" e "Não atender o nível de qualidade estabelecido".

Imagine um software que visualiza as ruas da cidade. Os riscos acima são análogos a um nível de *zoom* que apresente a cidade em quatro regiões. Esses riscos são muito abrangentes e, por consequência, muito difíceis de gerenciar, pois o número de causas e de ações da resposta é muito grande.

RECOMENDAÇÕES

Mapear Riscos Menores

Encontrar riscos menores é como um *zoom* que apresente as ruas da cidade no software de apresentação de mapas. Para tal, basta procurar as causas do "risco gigante" e você encontrará uma lista de "riscos menores" (aqueles que constavam como causa do "risco gigante" agora são mapeados como riscos).

Isso faz com que a lista de riscos aumente, mas os benefícios compensam:

- Os riscos são mais pontuais.
- A análise de causas é mais simples e normalmente mais completa.
- Facilita a associação às restrições — ex.: o projeto deverá ser realizado por empresa subcontratada.
- Facilita a associação às premissas — ex.: o orçamento para subcontratação estará disponível em 03/03/2015.

162 - Campo Minado em Projetos

- A resposta é menor, mais simples de implantar e mais fácil de monitorar.
- A distribuição de responsabilidades é mais positiva, facilitando a avaliação da efetividade da resposta.

Exemplo

Risco gigante: "Atrasar o projeto".

Riscos menores:

- Subcontratar o fornecedor depois do prazo definido.
- Não ter a liberação do orçamento na data planejada.
- Não ter o ambiente de desenvolvimento disponível na data planejada.
- Não contar com o ambiente de testes na data planejada.
- Criar um cronograma incompleto.
- Não gerenciar a equipe de forma adequada etc.

Esses riscos são mais fáceis de analisar, têm um número menor de causas, têm sua resposta composta por menos ações (mais fáceis de implantar e de monitorar).

Incluir no Registro dos Riscos o Atributo "Efeito" ou "Impacto direto"

Esta informação indica o efeito primário do mega risco, podendo ser composto por:

[ ] Escopo   [ ] Prazo   [ ] Custo   [ ] Qualidade

45. REGISTRO INCOMPLETO DOS RISCOS

Declaração, probabilidade, impacto e resposta são atributos básicos, mas as informações complementares é que dão subsídio para um gerenciamento efetivo dos riscos.

Muitas vezes, no formulário modelo ou no software de gerenciamento dos riscos não são incluídos esses atributos complementares, e o gerente de projetos acaba registrando apenas o básico.

Vários efeitos são gerados, inclusive manter a lista com riscos indevidos. Exemplo: quando não registrado se o risco é secundário (e o risco cuja resposta o originou), o gerente de projetos pode esquecer de eliminá-lo se houver mudança na resposta do risco que o gerou.

RECOMENDAÇÕES

Registrar os Dados Complementares Relativos a Cada Risco

Duas das definições que devem sempre constar no Plano de Gerenciamento de Riscos são:

1) O que será registrado.

2) Por meio de qual mecanismo.

Desta forma, se o plano não estiver completo, é recomendável que seja atualizado.

Os atributos básicos de todo risco são:

- Declaração.
- Causas: fatores geradores do risco.
- Efeito: indicação da linha de base que sofre impacto direto (escopo, prazo, orçamento), podendo ser estendido (esforço, qualidade etc.).
- Probabilidade, Impacto e Relevância.
- Risco secundário: riscos que a resposta criou.
- Origem: indicação do risco cuja resposta definiu a criação do risco.
- Resposta: plano de ação para lidar com o risco, contendo atividades, indicação de responsável, forma de avaliação da efetividade, recursos necessários, esforço, custo e aprovação.
- Status etc.

Se a metodologia permite customizar o modelo de registro de riscos, realize alinhamento com o PMO e faça os ajustes necessários. Quando não for possível realizar alterações (ex.: sistema de gerenciamento de riscos), utilize um "campo coringa" como:

- Observações.
- Notas.

- Dados complementares etc.

Se não for permitido ajustar o modelo e não existir "campo coringa", documente as informações complementares em outro artefato. Esta alternativa está longe de ser a ideal, mas oferece meios para um gerenciamento mais efetivo dos riscos.

46. SOBRECARREGAR A DECLARAÇÃO DO RISCO

"Se em tudo o mais forem idênticas as várias explicações de um fenômeno, a mais simples é a melhor." — Navalha de Occam

Seguindo o princípio proposto pelo frade franciscano William de Ockham (no século XIV), por que complicar a definição do risco incluído?

Declaração do risco é a sua descrição, o que pode acontecer e interferir no sucesso do projeto, portanto, existem muitas possibilidades na forma de fazê-lo.

As duas formas mais comuns de sobrecarregar a definição do risco estão relacionadas com causas e efeito. Ambas são tendências decorrentes da forma como observamos o contexto do projeto para identificar os riscos.

– Incluir a CAUSA na declaração do risco:

Isto significa que a definição do risco é sempre acompanhada por sua causa.

A explicação "ajuda a esclarecer o risco", explica mas não justifica, pois vários problemas decorrem desse tipo de estrutura:

- Cada risco pode ter inúmeras causas.

- Timing diferente: o espectro completo de causas não é explorado no momento da identificação do risco. Como saber qual a "principal causa" para incluir na declaração? E se for descoberta outra causa "mais relevante" que a utilizada na declaração?

- As causas podem alterar, sem que o risco em si mude etc.

Exemplo: Risco: "iniciar o desenvolvimento depois do previsto por falta de *upgrade* do servidor de banco de dados".

A parte sublinhada é uma das causas do risco. Se deixasse de existir, mudasse ou se surgisse uma outra causa principal, apesar de o risco ser o mesmo, sua definição precisaria ser atualizada.

– Incluir o EFEITO na declaração do risco:

Todo risco gera efeito de algum tipo e dimensão no projeto — no prazo (gerando atraso), no orçamento (sendo necessário mais $ que o previsto). Nesta abordagem, a definição do risco é sempre acompanhada pelo efeito da concretização do risco, o que gera vários problemas técnicos:

- Polui desnecessariamente a definição do risco.
- Cria dificuldades, caso exista mais de um efeito.
- Exige maior esforço de manutenção.
- Pode se tornar inconsistente durante o projeto.

Exemplo:
- "Atrasar o projeto por não ter autorização de receber o material".
- "Atrasar o projeto em função da indisponibilidade do arquiteto".
- "Atrasar o projeto por dificuldade de liberação da verba" etc.

Visto que a definição do risco, as causas e o efeito são atributos diferentes, por que não os utilizar de forma adequada?

RECOMENDAÇÕES

Incluir Apenas a Definição do Risco em sua Declaração

Isto significa manter apenas a definição do risco em sua declaração, registrando causas e efeitos separadamente. Esta prática simplifica a definição dos riscos, elimina inconsistências, é aderente ao diferente momento em que as informações são identificadas e reduz o esforço de manutenção.

Uma vez que a declaração contém apenas o risco em si, é importante registrar as suas causas e o efeito nos campos apropriados. Se no formulário dos riscos não existir um atributo específico, recomendo incluir em algum atributo complementar (observações, comentários, informações adicionais etc.).

Risco: Iniciar o desenvolvimento depois do previsto.

Causas:
- Upgrade do servidor de banco de dados não ser realizado na data planejada.
- Dificuldade para localizar analistas com o know-how necessário (causa principal).
- Falta de licença do software necessário ao desenvolvimento.

Efeito primário:
[ ] Escopo [X] Prazo [ ] Orçamento [ ] Qualidade

Sobre as causas:

- Normalmente o risco é identificado por meio de algum fator específico no contexto do projeto.

- No momento em que é analisado detalhadamente, todas as causas são mapeadas.

Diagrama de Ishikawa, Diagrama de Causalidade, Mapa Mental são exemplos de técnicas que podem ser utilizadas.

Do conjunto de causas é identificada a causa raiz (ou causas raízes), a qual receberá atenção especial na definição da resposta.

Sobre o efeito:

- De alguma forma um risco pode ter efeito em vários aspectos do projeto (ex.: Escopo, Prazo, Orçamento e Qualidade), mas a ideia é identificar o efeito primário, aquele que sofre o impacto direto com a ocorrência do risco (sendo os demais secundários).

- A estrutura proposta facilita a definição de relevância dos riscos, a qual depende dos critérios definidos no Plano de gerenciamento de riscos relativos à definição da parametrização da escala de impactos e orientações da análise qualitativa.

Sugerir Mudanças ao Escritório de Projetos

Enviar a sugestão de ajustes do registro dos riscos ao PMO, criando campo específico para indicar o efeito primário do risco (ex.: tempo, custo, escopo ou qualidade).

O compartilhamento dessas experiências acelera o nível de maturidade da metodologia, reduz o investimento em projetos de aprimoramento metodológico e aumenta a qualidade das informações dos projetos.

47. REALIZAR A ANÁLISE E DEFINIÇÃO DE RESPOSTA IMEDIATAMENTE APÓS MAPEAR O RISCO

Em determinados processos, o modelo Lean indica que é mais efetivo realizar todas as etapas para cada item, mas aqui não é o caso.

Momentos diferentes, **objetivos** diferentes e **níveis de esforço diferentes**, conforme a relevância do risco, são fatores que indicam que é mais interessante realizar cada etapa do processo. Principalmente durante o planejamento, quando as atividades relacionadas aos riscos são muito intensas, têm-se alguns efeitos indesejáveis se realizar o processo todo para cada risco:

- O grupo perde o foco inicial, que é identificar os riscos do projeto.

É muito mais efetivo concentrar as atenções do grupo na identificação dos riscos, utilizando técnicas direcionadas a este objetivo, obtendo uma lista mais abrangente.

- Perde-se a oportunidade de avaliar a característica do grupo na análise qualitativa: otimismo, pessimismo ou indecisão.

- Perde-se a oportunidade de avaliar os critérios de classificação do nível de probabilidade e impacto.

- Perde-se a oportunidade de investir o tempo adequado na análise e definição de resposta proporcional à relevância de cada risco, considerando o panorama geral.

- Sem o panorama geral, perde-se a oportunidade de definir uma resposta que seja comum a vários riscos.

- Investe-se tempo em discutir alternativas de resposta sem ter um panorama que pode ser necessário para discutir com o gestor (por conta de nível de alçada).

RECOMENDAÇÕES

Definir um Plano de Gerenciamento dos Riscos

Qualquer plano é melhor que não ter plano algum.

Só o fato de pensar nos diferentes aspectos relacionados a esta área de conhecimento agrega valor à equipe e resulta em informações que, no mínimo, promovem um alinhamento básico no grupo.

Definir um Ciclo Produtivo

Em geral, a ideia inicial é se concentrar na identificação dos riscos.

Pude experimentar diferentes abordagens e esta é a que considero mais produtiva, pois mantém o grupo concentrado no "O que pode interferir no sucesso do projeto" e não no "Por que?", "Com qual relevância?", e muito menos no "O que fazer com eles?".

Nessa abordagem obtém-se o melhor aproveitamento da RBS (*Risk Breakdown Structure*), e a lista de riscos é sempre mais completa e consistente.

Considero (em geral) que as abordagens que contemplam o ciclo todo individualmente para cada risco se mostraram pouco produtivas. Nestas, à medida que um risco é identificado, o grupo imediatamente mapeia todas as causas, realiza análise qualitativa e define a resposta.

O grupo dispersa sua atenção, a lista final de riscos é pobre, nem todas as causas são mapeadas, a análise não contempla o quadro geral e fica sem referência (ex.: identificar um grupo otimista, pessimista ou indeciso) e as respostas não conseguem ser otimizadas (ex.: uma mesma ação fazer parte da resposta de vários riscos).

Naturalmente o processo deve considerar a necessidade de várias reuniões para identificar todos os riscos. Isso é muito comum quando existem diferentes grupos com visões e experiências específicas, os quais têm condições únicas para identificar determinados riscos. Quando identificados os riscos (considerando o levantamento iterativo), seguem as outras atividades do processo.

A análise qualitativa deve considerar o quadro geral e avaliar se não existe uma tendência inadequada. Grupos pessimistas tendem a agravar a relevância de todos riscos. Grupos otimistas fazem o contrário. Grupos indecisos acabam mapeando os riscos na "zona mediana". O gerente de projetos deve tirar o grupo da zona de conforto, tentando refinar a classificação dos riscos.

Analisando os principais riscos, a definição das respostas pode ser otimizada, reduzindo o esforço e o investimento necessários.

> OBSERVAÇÃO: Para cada projeto, isso pode gerar um resultado diferente, portanto, deve-se sempre avaliar o contexto para tomar esta decisão.

48. DEFINIÇÃO INDEVIDA DE RELEVÂNCIA DOS RISCOS

No plano de gerenciamento de riscos é definida a matriz de probabilidade e o impacto e as zonas de relevância (área formada por determinadas células, a exemplo do gráfico a seguir).

	Muito Alta	2	3	4	4
	Alta	2	3	4	4
Probabilidade	Média	1	2	3	3
	Baixa	1	1	2	2
		Baixa	Média	Alta	Muito Alta
		Impacto			

Zona 1: menor relevância — Zona 4: maior relevância

Depois de identificados os riscos, é realizada análise qualitativa, definindo qual a relevância de cada risco (dependendo da zona de relevância), determinando a energia que será definida para sua resposta.

Tendo recordado o ciclo geral, o problema citado é falhar na análise do risco, determinando uma relevância incompatível com a realidade. As características da equipe podem contribuir para essa situação:

■ **Grupo muito otimista**

O grupo subdimensiona as chances de o risco acontecer e/ou seu impacto, se concretizado. Exemplo: "Moleza, se acontecer a gente resolve rapidinho" (para tudo).

■ **Grupo muito pessimista**

O grupo superdimensiona as chances de o risco acontecer e/ou seu impacto, se concretizado. Exemplo: "Este é pedreira!!!" (para tudo).

■ **Grupo inseguro**

O grupo tende a definir uma posição intermediária relativa às chances de o risco acontecer e/ou seu impacto, se concretizado. Exemplo: "Bem... acho que é médio..." (para tudo).

- **Grupo que não quer se comprometer**

    As pessoas da equipe que preferem "deixar para os outros decidirem" tendem a concordar com as pessoas-chave ou com a maioria. Evitam apresentar sua opinião para não serem responsabilizadas caso o risco tenha uma relevância diferente do que tenha opinado.

- **Grupo influenciável**

    Se o grupo for inseguro, normalmente é influenciado pelas pessoas-chave da equipe.

Uma das posturas mais incorretas que contribui diretamente para este problema é analisar uma dimensão com influência de outra:

- Quando analisada a probabilidade, considerar o impacto, e vice-versa.

Exemplo: Analisando a probabilidade: "Acho que a probabilidade é alta, mas é superfácil de resolver, então vamos deixar como baixa".

RECOMENDAÇÕES

Analisar as Dimensões Individualmente

Quando avaliada a **probabilidade**, a única perspectiva analisada é a chance de o risco se concretizar. Se é fácil ou difícil de resolver não vem ao caso...

Quando avaliado o **impacto**, a única perspectiva avaliada é o tamanho do problema que pode gerar no projeto se for concretizado. Se tem pouca ou grande chance de acontecer, não vem ao caso...

Realizar o Alinhamento Sobre a Dinâmica

O gerente de projetos deve ter certeza de que todos conhecem o processo de decisão em relação à relevância dos riscos. Ele/Ela pode apresentar o processo ou sugeri-lo (neste caso, abre a possibilidade de o grupo dar sugestões, mas quem define é a equipe).

Existem várias formas e o grupo deve definir a que considerar mais adequada.

- Votação: determinado pela maioria.
- Especialista: a pessoa com mais experiência no assunto determina.
- Vivência: a pessoa que vivenciou o cenário mais parecido determina.
- Combinado: as pessoas mais experientes e que vivenciaram apresentam seus argumentos e o grupo vota etc.

Não são recomendadas abordagens ligadas à hierarquia como o maior cargo decidir. Nem sempre quem tem o maior cargo possui o maior conhecimento sobre um determinado assunto.

Garantir a Participação de Todos

O gerente de projetos deve criar uma atmosfera amigável, colocando as pessoas em bom nível de conforto para apresentarem sua reunião. Apenas o uso de frases como "a opinião de todos é importante" pode ser o suficiente para incentivar a participação.

Pessoas tímidas devem ser observadas, pois podem ter muito conhecimento, mas dificuldade para se expressarem. Pessoas muito expansivas também devem ser observadas, para que não monopolizem a reunião.

A técnica de votação secreta (em que todos votam em um pedaço de papel e, se houver significativa divergência, o grupo discute) é interessante, pois coloca os tímidos em maior nível de conforto e evita a influência que o voto aberto gera (principalmente se quem começa tem poder de influência). Também pode ser aplicada em grupos muito expansivos, reduzindo o tempo de discussão inicial.

O Modelo ABCDE pode ser aplicado para estabelecer uma atmosfera adequada.

Evitar Postura "Em Cima do Muro"

O principal indício é a concentração dos riscos na região mediana da matriz de probabilidade e impacto. O gerente de projetos deve tirar o grupo desta zona de conforto para estimular as pessoas a apresentarem uma opinião mais dirigida.

- Apresentar informações de projetos anteriores que sinalizem relevância diferente da que foi definida pelo grupo.
- Solicitar informações de projetos anteriores a pessoas que já vivenciaram algo parecido.
- Revisar os riscos, utilizando argumentos usados durante a reunião.
- Comparar os riscos entre si etc.

49. NÃO DEFINIR RESPOSTA ADEQUADA AOS RISCOS MAIS RELEVANTES

Mapear e analisar os riscos torna-se inócuo se não forem definidas ações apropriadas para tratamento deles.

O gerente de projetos normalmente não tem autonomia para aprovar respostas quando estas exigem tempo, orçamento e/ou recursos significativos. A equipe define alternativas de resposta e as submete ao gestor para que este aprove um conjunto de ações contra o risco (resposta aos riscos de impacto negativo).

Várias razões podem impedir a aprovação de uma resposta adequada:

- **Falta de tempo** (o mais comum). A própria equipe, sofrendo pressões, acaba assumindo uma postura de aceitação para os riscos, confiantes de que conseguirão tratar os problemas.
- **Inércia** ("nunca fizemos isso antes").
- **Resistência** (à mudança) de pessoas com poder de influência é o principal fator que impede a equipe de adotar a boa prática de tratamento

dos riscos. O pretexto mais comum é a confiança (ou arrogância) na experiência em projetos anteriores.

- **Pressão do gestor**. Não é regra, mas isto ocorre com alguma frequência e é particularmente curiosa, visto que o gestor é quem deveria apoiar o uso de boas práticas.

Uma visível divergência no entendimento de "gastar tempo" e "investir tempo", já que o gerenciamento de riscos pode economizar tempo e orçamento significativos, maximizando as chances de sucesso do projeto.

Tempo, orçamento e recursos podem ser necessários para tratar os riscos e isso pode ser um fator para a resistência do gestor. É um momento delicado.

- **Subestimar o risco**. Apesar de a análise qualitativa ter determinada alta relevância, a equipe, o gestor ou outro colaborador com autoridade e/ou poder acaba indicando uma relevância menor, para que não sejam investidos o tempo/o orçamento/os recursos na resposta.

Pelas mesmas razões o gestor pode sugerir que não é necessária resposta tão elaborada (leia-se "cara"), porque "confia na capacidade da equipe...". É outro momento delicado...

RECOMENDAÇÕES

Persuadir a Equipe

Quando a resposta está dentro da alçada da equipe (sem envolver o gestor): o gerente de projetos deve persuadir a equipe (com inteligência, e não força) apresentando os benefícios e exemplos de projetos anteriores, caso tivessem sido adotadas respostas adequadas aos riscos.

Persuadir o Gestor Funcional

Quando a resposta exige quantidade significativa de tempo, orçamento e/ou recursos, normalmente não está na alçada da equipe e, portanto, quem deve ser persuadido é o gestor.

A melhor forma de persuadir alguém é adotar uma linha de raciocínio alinhada ao que este considera relevante. Desta forma, o gerente de projetos deve converter todos os benefícios da resposta aos riscos, quantificando o cenário no caso de os principais riscos se concretizarem:

- Quanto tempo adicional será necessário para concluir o projeto e a decorrência dos atrasos: impactos no negócio (legislação, concorrência etc.), os problemas relacionados à alocação de recursos, os impactos em outros projetos.

- Quanto dinheiro a empresa perderia ou deixaria de ganhar em decorrência dos atrasos ou problemas com a qualidade.

E isso é relativamente simples, visto que temos muitos exemplos de insucesso em projetos passados que poderiam ter sido evitados com gerenciamento de riscos.

Para um determinado risco foi definida resposta que aumenta o esforço (em cem horas) e o orçamento do projeto (em R$ 16.000), mas não afeta o prazo.

Se não for implantada a resposta é muito provável que o projeto atrase em dois meses, período em que a empresa deixaria de ter um faturamento líquido com as entregas de R$ 250.000.

50. NÃO TRATAR ADEQUADAMENTE OS RISCOS RELACIONADOS À FALTA DE EXPERIÊNCIA DO GERENTE DE PROJETOS

Inquestionavelmente, riscos são gerados pela falta de experiência do gerente de projetos. Aspectos técnicos, humanos, culturais, organizacionais e fornecimento são alguns exemplos de natureza desses riscos.

Como apresentado anteriormente, "falta de experiência do gerente do projeto" não é risco, mas causa de vários riscos. A questão-chave é: **o que você faz com estes riscos?**

Abaixo são apresentados alguns exemplos de decisões impróprias que podem ser tomadas pelo gerente de projetos:

- **Ignorá-los**

  Goste ou não, esses riscos existem e muitos deles podem ter grande relevância. Fingir que esses riscos não existem significa que a estratégia escolhida para lidar com eles é ACEITAR, a pior decisão que poderia ser tomada em relação a qualquer risco relevante.

  Várias razões podem levar o gerente de projetos a adotar esta postura, como ego, aspectos culturais, processos de avaliação de desempenho e reestruturação.

- **Publicar esses riscos na ferramenta de gestão de conhecimento do projeto**

  Este purismo tem seu preço. Esta decisão significa que as partes interessadas terão acesso a vários riscos criados pela pessoa responsável pelo projeto, o que pode abalar a confiança no gerente do projeto e criar uma atmosfera de incerteza e pessimismo.

RECOMENDAÇÕES

Tratar Esses Riscos como Qualquer Outro Risco do Projeto

Analisado o cenário, esses riscos devem ser identificados e analisados, definindo resposta adequada a sua relevância. Vários riscos terão uma causa comum, a falta de experiência do gerente de projetos em:

- Definir um plano de gerenciamento inadequado.
- Criar um cronograma incompleto.
- Falhar na alocação das pessoas aos papéis.
- Realizar gestão inadequada do fornecimento etc.

Alguns fatores-chave à quantidade desse tipo de risco:

- Nível de inexperiência do gerente de projetos.
- Tamanho e distribuição da equipe.
- Nível e qualidade do relacionamento prévio com a equipe.

Gerenciamento de Riscos - 177

- Quantidade de áreas envolvidas.
- Fornecimento e alocação de subcontratados etc.

Manter uma "Transparência Adequada"

Nada mais que a aplicação do bom senso...

Isto significa tratar os riscos mantendo rígido controle de acesso. Em outras palavras, esses riscos não devem estar disponíveis para todas as partes interessadas.

> OBSERVAÇÃO: Por favor verificar item *42. Divulgar os riscos inadequadamente.*

Se a ferramenta de gestão de conhecimento do projeto permitir que seja realizada esta restrição de acesso aos riscos, ótimo, caso contrário esses riscos devem ser mantidos de outra forma (ex.: artefato geral reservado ao gerente de projetos, planilha ou arquivo-texto), seguindo os padrões adotados para o projeto (atributos, escalas, regras etc.).

Procurar Apoio

É preciso **dar prioridade à razão (e não ao ego)**.

É recomendado que esses riscos sejam discutidos com um colaborador mais experiente e que esteja dentro do círculo de pessoas aceitas pela cultura e política organizacional. Candidatos naturais são o gestor funcional, um gerente de projetos mais experiente e um gerente de projetos do escritório de projetos (PMO).

Este apoio de um profissional mais experiente deve resultar na definição de respostas apropriadas à severidade de cada risco. Exemplos:

- Para o risco "aplicação incorreta da metodologia de gestão de projetos" poderia ser definida a resposta — PMO dar orientações diretivas antes de iniciar o planejamento e validar aspectos específicos do planejamento (ex.: plano de gerenciamento do projeto, riscos, cronograma).

- Para o risco "gerenciar subcontratados inadequadamente" poderia ser definida resposta — esclarecer dúvidas com a área de contratos, receber orientações do gestor e do RH.

51. NÃO GERENCIAR OS RISCOS RELACIONADOS À DEPENDÊNCIA DE OUTROS PROJETOS

Cada projeto tem seus riscos, mas outros projetos podem gerar impacto direto em seu projeto, caso não sejam realizados como previsto.

O exemplo mais comum é quando seu projeto depende de algo que é produzido como resultado de outro projeto — exemplos:

- Criação de uma nova área na organização.
- Mudança de um processo.
- Contratação de fornecedor para os projetos da área.
- Implantação de ferramenta corporativa.
- Criação de um ambiente de homologação.
- Atualização da versão do banco de dados da produção etc.

RECOMENDAÇÕES

Identificar as Dependências

Neste momento, o gerente de projetos deve olhar "além do projeto", buscando identificar todas as dependências.

Mapear as Premissas

Em essência, estas dependências se traduzem em premissas, baseadas nas quais as datas do cronograma do projeto serão definidas — exemplos:

- Área de testes será implantada até o dia 05/03/2015 (projeto x).
- A nova versão do processo de emissão de apólices de seguro estará concluída em 08/04/2015 (projeto y) etc.

Mapear e Analisar os Riscos

As premissas são fontes de riscos, portanto devem ser analisadas e os riscos identificados devem ser registrados e tratados — exemplo:

- Risco: iniciar os testes depois da data prevista.
- Efeito primário: atraso (não concluir as entregas da 1ª iteração no prazo planejado).
- Probabilidade: alta, Impacto: Alto, Relevância: Alta.
- Causas: área de testes não estar disponível no dia 05/03/2015.

Definir Resposta aos Riscos

Este é o ponto delicado... tudo o que não queremos é o gerente do outro projeto se sentir desconfortável e lhe dizer "cuide de seu projeto que eu cuido do meu", mesmo que em palavras mais gentis.

Visto que cada projeto tem um gerente de projetos, qualquer ação que for definida deve ser elegante, evitando constrangimento e conflito. Mas risco é risco, e algo deve ser feito, conforme sua relevância.

Se seu projeto tem restrição de data e implica em prejuízos para a empresa caso não esteja concluído quando planejado, o gerente de projetos terá de gerenciar os riscos que têm impacto diretamente no prazo, inclusive gerados por outros projetos.

 Exemplo | Projeto de implantação da SOX (Sabarnes-Oxley), que implica em penalidades relacionadas à negociação de ações da empresa na bolsa de Nova York (NYSE).

As respostas podem ser bem suaves e informais ou mais bem formais, dependendo da situação.

- **Reunião de alinhamento.**

  É necessário que o gerente do outro projeto saiba que o resultado daquele projeto gera impacto em outros! Isto pode ser feito por meio de reunião com o outro gerente de projetos, apresentando a situação, as restrições, os efeitos para a empresa no caso de atraso e realizando alinhamento relacionado ao prazo.

- **Definir um mecanismo de acompanhamento.**

  Uma vez que seu projeto deve acompanhar o risco gerado pelo outro projeto, é necessário estabelecer um padrão de comunicação, no qual você possa avaliar se a probabilidade do risco está aumentando conforme a execução do projeto.

- **Escalar.**

  Algumas situações podem exigir o envolvimento de um nível maior de colaboradores. Acredito que é sempre interessante conversar primeiramente com o gerente do outro projeto, para manter um alinhamento inicial e até avaliar essa necessidade. Esses colaboradores (de nível maior) têm a visão mais abrangente da área e podem realizar alinhamento, negociação, definir prioridades, alocar novos recursos etc., ações necessárias para aumentar as chances do outro projeto ser concluído no prazo.

52. DAR "TRATAMENTO LIGHT" AOS RISCOS RELEVANTES

A análise dos riscos avalia sua probabilidade e seu impacto, cuja multiplicação resulta na indicação de sua relevância. Os riscos que caírem na maior "zona de relevância" (definida no plano de gerenciamento de riscos) exigem respostas mais severas.

No momento em que a equipe decide não tratar os riscos relevantes com energia está realizando mitigação em nível baixo de eficiência ou até aceitando, se não for definida resposta alguma. Esta decisão é contrária ao bom senso e às melhores práticas básicas. Para que então investir tempo identificando e analisando se a ideia é apenas atenuar "um pouquinho" os riscos mais relevantes?

Isto pode acontecer por várias razões:

- **Inércia**

  "Nunca fizemos isso (tratar os riscos adequadamente) e sobrevivemos…"

- **Síndrome de super-homem / mulher-maravilha**

  "Moleza, nós damos conta disso!" Supervalorização pessoal, considerando o risco menor e/ou mais simples do que realmente é.

- **Otimismo por parte da equipe**

  Isto pode ser percebido já na análise, quando o grupo subestima os riscos e na resposta, quando grupo define um plano de ação muito "suave", aquém do necessário para lidar com os riscos mais relevantes.

- **Falta de tempo**

  Percepção equivocada que não considera o tempo/custo que será exigido da equipe para lidar com os impactos do risco concretizado.

- **Pressão do gestor**

  Uma vez que percebe que a resposta pode exigir recursos, esforço, prazo e/ou orçamento, pode adotar postura que desestimula a equipe a adotar um plano de ação adequado — ex.: "não é necessário, pois confio na capacidade da equipe." etc.

RECOMENDAÇÕES

Definir o Nível de Tolerância do Projeto aos Riscos

No plano de gerenciamento de riscos deve ser incluída a matriz de probabilidade e seu impacto. Uma zona de "relevância crítica maior" determina que o projeto é menos tolerante aos riscos dele, isto é, indica que um número maior de riscos deverá receber energia na resposta.

O nível de tolerância muda conforme o tamanho das regiões (ex.: baixo, médio, alto, crítico). Veja os exemplos a seguir:

		Muito Alta	2	3	4	4
Probabilidade		Alta	2	3	4	4
		Média	1	2	3	3
		Baixa	1	1	2	2
			Baixa	Média	Alto	Muito Alto
			Impacto			

Menor tolerância aos riscos: área de relevância crítica (zona 4) é maior. São considerados "riscos críticos" os que tiverem Impacto Alto ou Muito Alto e Probabilidade Alta ou Muito Alta.

		Muito Alta	2	3	3	4
Probabilidade		Alta	2	3	3	4
		Média	1	2	3	3
		Baixa	1	1	2	2
			Baixo	Médio	Alto	Muito Alto
			Impacto			

Maior tolerância aos riscos: área de relevância crítica (zona 4) é menor. São considerados "riscos críticos" apenas os que tiverem Impacto Muito Alto e Probabilidade Alta ou Muito Alta.

Aprovar o Plano de Gestão de Riscos

Todo o plano de gerenciamento do projeto deve ser aprovado, pois determina elementos importantes ao gerenciamento.

A matriz de probabilidade e impacto define, no final das contas, se o número de riscos "altamente relevantes" será maior ou menor, em função do tamanho da respectiva área.

Uma vez que o tratamento desses riscos exigirá mais energia, recursos, infraestrutura, prazo e/ou orçamento, é necessário que seja aprovado por um gestor, determinando a diretriz sobre a postura esperada da equipe e o nível de alçada do gerente de projetos.

Definir uma Resposta Adequada

Se o risco cair na região "altamente crítica", deve ter uma resposta forte! Isto significa criar um plano de ação severo contra o risco.

Tendências da equipe como inércia, resistência, "falta de tempo", otimismo devem ser percebidas pelo gerente de projetos e trabalhadas para que sejam substituídas por uma postura compatível à prática desses riscos.

Aprovar a Resposta Adequada

Definir resposta severa contra os riscos relevantes pode envolver pessoas, esforço, tempo, infraestrutura e/ou orçamento. Incluir este acréscimo no planejamento vai aumentar a divergência dos valores estimados na iniciação. Apesar de necessário, alguns gestores podem se sentir compelidos a recusar esses planos de ação, seja por resistência, por fatores políticos ou culturais.

Este é o momento em que o gerente de projetos tem de utilizar sua capacidade de persuasão, usando a abordagem mais apropriada ao tipo de gestor com quem lida.

De forma geral, entendo que se basear em evidências objetivas é um caminho interessante, pois oferecem dados tangíveis e quantificáveis. Dentre as várias possibilidades, a utilização do histórico é rápida, simples e contribui de forma decisiva para a tomada de decisão do gestor.

Exemplo — Risco: Definir uma arquitetura inadequada para o novo sistema de informação que utiliza tecnologia inédita na empresa.

Resposta:
- Subcontratar empresa especializada para definir a arquitetura — R$ 18.000.
- Incluir no cronograma uma prova de conceito para validar a arquitetura — 240 horas, dez dias.
- Adquirir um software que monitora o desempenho dos objetos e sugere aprimoramentos — R$ 4.000.

184 - Campo Minado em Projetos

Exemplo ...de argumentação:

- "...lembra quando adotamos a tecnologia YYZ (inédita na época) e decidimos tratar internamente (sem especialistas e em apenas dois dias)? No piloto percebemos uma dramática queda no desempenho e tivemos que refazer toda a arquitetura e praticamente todo o trabalho realizado até o momento. Com o atraso de três meses na implantação do sistema, a empresa deixou de negociar aproximadamente 4.000 operações e um faturamento de R$ 1.200.000. Estamos novamente na mesma situação e com um contexto organizacional muito parecido. O que estamos (equipe) sugerindo é investir R$ 22.000, implantar o sistema sem o atraso de dois meses (estimativa da equipe relativa ao retrabalho) e faturar R$ 2.000.000 (estimativa do negócio para os primeiros dois meses)."

ATENÇÃO: Quando o gerente de projetos consegue aprovar as respostas "mais robustas", pode enfrentar uma "cobrança especial" em relação ao cumprimento do prazo.

Exemplo "O.K., autorizo o aumento de dez dias no prazo, 120 horas de esforço e R$ 8.000 de orçamento, mas vou acompanhar pessoalmente e vou ser exigente quanto aos resultados".

Procure falar na linguagem do negócio — dinheiro, retorno do investimento, *timing* é chave, diferencial competitivo etc.

Não se sinta intimidado e leve à equipe a notícia da aprovação com atitude positiva, seguindo o plano conforme definido.

Técnicas Podem ser utilizadas a Árvore de Decisão, Análise de Retorno de Investimento, Análise Quantitativa.

Definir Alternativas de Resposta

A empresa pode não ter disponibilidade de orçamento para as respostas sugeridas. Empresas com baixo nível de maturidade em gestão de riscos em projeto estão particularmente sujeitas a esta circunstância.

Quando isso ocorre, o gestor pode até concordar com a equipe (que algo deve ser feito contra os riscos relevantes), mas dispõe de pouco orçamento e precisa de alternativas mais baratas.

A equipe do projeto deve definir uma ou mais alternativas que se enquadrem no orçamento disponível para que o gestor possa analisar e identificar a mais adequada ("bom e barato"). O cuidado é evitar a tendência de escolher uma resposta que não resolve.

Exemplo: "Contra o risco de definir uma arquitetura inadequada para o sistema na nova tecnologia YYZ (complexa), vamos comprar um livro de R$ 40".

Capítulo 9
Execução, Monitoramento e Controle

53. CONTAR QUE AS PESSOAS EXECUTARÃO AS TAREFAS DO PROJETO SEGUNDO O CRONOGRAMA DEFINIDO

Aqui a questão não é ser "desconfiado do mundo", mas entender que as pessoas têm atividades operacionais (dia a dia, imprevistos e incidentes), participam de outros projetos e têm interesses diferenciados decorrentes da estrutura e dinâmica da organização. Além disso, estão submetidos a fatores organizacionais que influenciam diretamente no uso de seu tempo (um projeto de alta prioridade para uma área tem baixa para outra, mudanças de prioridade, projetos emergenciais etc.).

Existem projetos em que salas são reservadas para suas equipes, mas isso não é a regra. O mais comum é que as pessoas, distribuídas pela empresa (em andares diferentes, em prédios diferentes, em cidades/estados/países diferentes), realizem as tarefas do projeto em suas mesas, e deveriam fazer isso conforme o calendário do projeto acordado.

Isto significa que o gerente de projetos não tem nenhum controle visual sobre o que está acontecendo... não tem certeza de que cada colaborador está trabalhando de fato nas tarefas do projeto.

RECOMENDAÇÕES

Definir os Mecanismos de Atualização (Funcionários, Subcontratados e Fornecedores) e Acompanhamento

Estes mecanismos devem considerar funcionários, subcontratados alocados na empresa e fornecedores, podendo ser diferentes para cada grupo.

Recomendo o uso da técnica de Valor Agregado, em que são considerados as linhas de base (planejado), o percentual de completude das tarefas (valor agregado) e as horas gastas (valor gasto), podendo ser adotada unidade Custo (padrão) ou Horas (alternativa para os projetos e empresas em que não é possível realizar o gerenciamento por meio dos custos).

Realizar Alinhamento

Antes do início das atividades, apresentar à equipe informações resumidas de panorama geral sobre o projeto (destacando sua importância), a necessidade de acompanhamento das tarefas e os mecanismos de acompanhamento.

Este item gera pouco risco técnico, mas se concentra na natureza comportamental. É necessário quebrar paradigmas e promover a mudança cultural (um ou dois minutos diários para realizar a atualização do *status* das tarefas não vai atrapalhar o dia dos colaboradores).

Solicitar Atualização Periódica das Tarefas Realizadas, Preferencialmente Diariamente

Vinculado à recomendação acima, é importante que fique claro que faz parte das responsabilidades do gerente de projetos cobrar o posicionamento. O gerente de projetos deve fazê-lo de forma adequada e as pessoas não devem se sentir mal ou levar para o lado pessoal.

As informações e a frequência já foram definidas no plano de gerenciamento do projeto, decididas após avaliar as características e contexto do projeto.

> **Exemplo**
> Tendo decidido utilizar a técnica de Valor agregado baseada em horas, uma vez que o gerente do projeto tem a quantidade de horas planejadas (linha de base) devem ser reportados:
> - O percentual de completude das atividades.
> - As horas gastas para realizar o trabalho.

54. INSISTIR EM UM PLANO QUE SE TORNOU INADEQUADO

"Uma pessoa que se tornou consciente de si mesma, por meio de perguntas que lhe forem feitas, está em melhor posição de prever e controlar seu próprio comportamento." — B.F. Skinner

Não é sempre que conseguimos criar algo tão perfeito como a escultura de Moisés, feita por Michelangelo, para o mausoléu do Papa Julio II.

Durante a execução do projeto podemos perceber alguns problemas com o plano de ação como falta de tarefas, não envolver pessoas-chave, esquecer de incluir tarefas relacionadas a processos internos que o projeto está sujeito etc.

E mesmo que o plano seja ótimo, é muito raro um projeto que tenha sua execução exatamente como planejado:

- Mudanças são naturais em função da dinâmica do negócio.

- Pessoas-chave podem sair da equipe durante sua execução.

- Imprevistos de diferentes naturezas podem aparecer e terão que ser tratados etc.

Um fator importante, que não gostamos de assumir, está relacionado às características humanas relacionadas ao ego. Pessoas com o orgulho proeminente podem ter a tendência de provar a todo custo que seu plano funciona. Esta propensão fica mais acentuada se houve divergências no planejamento e o plano assumido foi a versão sugerida pelo gerente de projetos.

RECOMENDAÇÕES

Autoconhecimento e Administração dos Pontos a Desenvolver

Esta é uma receita simples e básica para qualquer pessoa que quer se aprimorar. Infelizmente passamos a maior parte do tempo no piloto automático, agindo de forma inconsciente. O autoconhecimento pode ser realizado por meio da auto-observação ou pela avaliação dos outros.

Se o gerente de projetos sabe que é arrogante, sabe que algumas tendências devem ser observadas e atitudes devem evitadas. Aceitar o fato de que somos todos falhos e exercitar a humildade é a melhor alternativa, pois:

- Isto não demonstra fraqueza, mas elevação.

192 - Campo Minado em Projetos

- A equipe percebe que o gerente de projetos não se considera infalível e reconhece suas falhas.
- A equipe se sente parte da solução.
- O gerente de projetos deve garantir o sucesso do projeto e não ficar preso a decisões incorretas ou que não são mais adequadas.

 Técnicas: Checklist, Modelo DISC, Raio X, Gráfico de Ações, as técnicas apresentadas no livro *Os 7 hábitos de pessoas altamente eficazes*, diferentes estilos de liderança.

Humildade e bom senso são elementos essenciais!

Avaliar os Problemas do Plano de Ação

É necessário entender os problemas do plano e suas causas:

- Se está incompleto.
- Se a abordagem definida no planejamento não foi efetiva.
- Se ficou obsoleto em função de mudanças no contexto do projeto etc.

 Técnicas: Algumas como o Diagrama de Causalidade e Diagrama de Ishikawa foram criadas com este objetivo. O Mapa Mental também pode ser aplicado, no qual o elemento central é o problema analisado e os ramos, as causas.

Identificar Alternativas Para Correção do Plano

Devem ser feitas mudanças no plano, considerando a análise de causas.

Este é o momento de ser criativo, se libertando do apego (da autoria) do plano anterior, de acusações (ex.: "eu te disse...") e de abordagens conservadoras.

Mantendo o alinhamento com as diretrizes organizacionais, deve-se expandir o espectro de análise, explorando diferentes perspectivas do projeto. Exemplos: Metodológicas, Técnicas, Administrativas etc.

Execução, Monitoramento e Controle - 193

É necessário colocar o grupo em situação adequada para que se possa apresentar e discutir as sugestões com liberdade. Cada sugestão deve ser analisada, considerando premissas e restrições, e avaliando os benefícios, o custo de oportunidade e os prejuízos.

Técnicas: Várias técnicas podem ser aplicadas, dentre elas o Diagrama de Árvore.

55. ATUALIZAR O PROJETO EM GRANDES INTERVALOS

A frequência com que os dados sobre o andamento do projeto é coletada está diretamente relacionada à qualidade do monitoramento e controle do projeto e, portanto, às chances de sucesso do projeto. Quão mais espaçado o monitoramento, mais tardio será o controle realizado, podendo gerar um efeito catastrófico em projetos com discrepâncias significativas.

Coletar as informações sobre as tarefas e realizar a respectiva atualização em intervalos longos é similar a um carro cujo mostrador de combustível é atualizado a cada 300 km.

Obs.: É importante esclarecer que o termo "grande" está diretamente associado ao prazo e características do projeto — ex.: um intervalo que é adequado para um projeto de três anos provavelmente não será para um projeto de quatro meses.

Muitas causas podem gerar este tipo de situação:

- **Falha de comunicação**

    Se não houver absoluta clareza sobre o conhecimento da dinâmica do projeto, a equipe pode não ter entender exatamente o que se espera dela. Isto inclui o processo de coleta e atualização dos dados sobre o projeto.

- **Grupo resistente à mudança**

  Pessoas que não estão acostumadas a reportar o andamento de suas responsabilidades. Sempre participaram de projetos na empresa sem esta prática, mas resistem às mudanças metodológicas indicando outros motivos (ex.: falta de tempo, estar alocado em mais de um projeto ao mesmo tempo, resolução de problemas operacionais etc.).

- **Pessoas superalocadas**

  Acontece. Em determinados momentos as pessoas que fazem parte da equipe do projeto podem ser alocadas em outros projetos, em atividades operacionais, em apoio a planejamento estratégico etc. Como resultado, podem se encontrar sobrecarregadas e sofrendo grandes pressões, abrindo mão de algumas atividades "menos importantes".

- **Frequência definida no plano de comunicação**

  Não podemos confundir a comunicação sobre o status do projeto com a coleta e atualização dos dados. Mesmo que a frequência solicitada para apresentação de informações sobre o andamento do projeto seja mensal, isto não significa que o acompanhamento também o seja.

A lei de Parkinson (ocupar todo o tempo disponível) e a Teoria do estudante (deixar para a última hora) são conceitos que ajudam a entender o comportamento.

RECOMENDAÇÕES

Definir o Método de Acompanhamento

Durante a criação do Plano de gerenciamento deve ser definida a abordagem que será utilizada para acompanhar o andamento do projeto. Caso não seja definida na metodologia de gestão de projetos, isto deverá ser feito pela equipe do projeto.

Técnicas

Valor Agregado (*Earned Value*) é amplamente utilizada, sendo interessante pela simplicidade, flexibilidade e rapidez com que se consegue avaliar o prazo e o orçamento do projeto.

Definir uma Frequência Compatível com o Projeto

Porte, prazo, nível de risco, fornecimento externo e prioridade ao negócio são alguns dos fatores que podem ser considerados. Metodologias de gestão de projeto com alto nível de maturidade podem definir automaticamente a alternativa adequada, conforme as características do projeto.

Em linha geral, a frequência semanal é aconselhada para grande parte dos projetos.

Comunicar o Processo no Início do Projeto

A equipe precisa conhecer os detalhes da forma como o projeto será acompanhado e avaliado, incluindo:

- O que devem informar.
- Com que frequência.
- O que será feito com as informações.
- As métricas e indicadores.

Sem entrar em detalhes técnicos dos cálculos, é necessário que a equipe conheça a linha geral das métricas. Da mesma forma, é preciso esclarecer o que leva o projeto a ficar com o respectivo indicador — ex.: Verde (dentro do previsto), Amarelo (estado de alerta) e Vermelho (estado crítico).

- Como será determinado o nível de eficiência de cada pessoa.

Isto é muito importante, pois todos devem saber como seu desempenho será avaliado.

- Comitê de acompanhamento de projetos.

Sem entrar em detalhes, é importante que a equipe saiba qual o efeito de um indicador "Vermelho", que o gerente de projetos será convocado a uma reunião com gestores de alto nível os quais questionarão sobre os problemas e definirão ações para ajudar na resolução.

Mudança Cultural

Problemas podem surgir em projetos cujos participantes não estejam acostumados a esta prática.

É essencial que o gerente de projetos quebre as resistências.

Se houver relutância em relação ao processo de medição, é necessário apresentar argumentos lógicos que sensibilizem as pessoas. Indicar "a metodologia exige" pode ser válido em alguns casos, mas pode ser insuficiente em outros. Por isso, utilizar exemplos que coloquem as pessoas no lugar do gestor pode ser interessante.

Criar uma situação em que cada um queira saber sobre o andamento: "Imagine que você decidiu construir uma casa e já contratou a equipe. Quando pergunta sobre o acompanhamento, o líder do grupo lhe diz: "Basta você liberar o orçamento conforme vou solicitando e voltar em um ano que a casa estará pronta".

Pergunte: "Qual seria seu nível de conforto nesta situação?".

Uma vez que cada um foi sensibilizado, faça a analogia com o projeto e reforce que o acompanhamento é essencial e exigido do gerente de projetos.

Indicar que "leva apenas dois minutos por semana para comunicar o andamento de suas responsabilidades" ajuda na compreensão de que não é este tempo que vai fazer diferença no dia do colaborador.

Cobrar o Apontamento de Dados

É uma tarefa chata, mas deve ser feita. O gerente de projetos deve verificar se todos reportaram conforme combinado e solicitar daqueles que não o fizeram. Este é um momento em que o gerente de projetos deve ser elegante, solicitando as informações àqueles que ainda não as forneceram.

Capítulo 10
Técnicas

Este capítulo tem o objetivo de descrever algumas técnicas que podem ser utilizadas na aplicação das recomendações apresentadas.

A ideia é esclarecer em linhas gerais o objetivo e as características, com exemplos aplicados ao gerenciamento de projetos.

OBSERVAÇÃO: Para adquirir conhecimento mais profundo sobre as técnicas, eu recomendo os livros que utilizei como referência (vide "Referência").

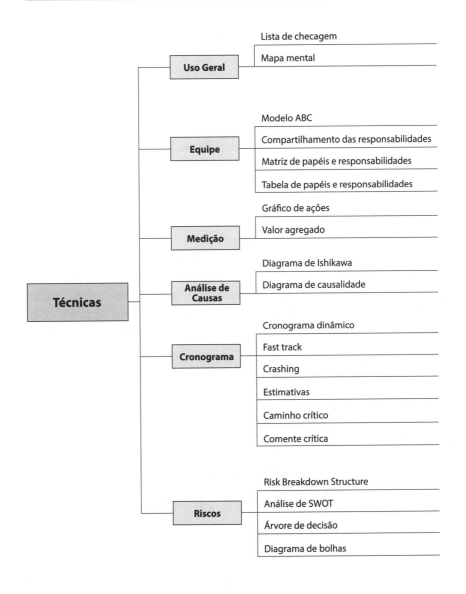

USO GERAL

LISTA DE CHECAGEM (CHECKLIST)

OBJETIVO: Lembrar de determinados elementos como atividades, documentos, aprovações etc.

OBJETIVO

☐ Item a ser verificado
☐ Item a ser verificado
☐ Item a ser verificado
☐ Item a ser verificado
☐ Item a ser verificado
☐ Item a ser verificado

Data: Autor:

Comentários

Sua aplicação é ilimitada. Nos projetos podem ser criadas várias listas, como: planejamento do projeto, etapas de criação das entregas, distribuição das entregas, procedimentos de segurança etc. Particularmente útil para garantir mudanças (cultural, metodológica, ferramental, processual etc.) e para pessoas ou equipes pouco experientes (garantindo que nada seja esquecido).

Pode ser utilizada em combinação com outras técnicas de "elicitação", aumentando a efetividade do processo.

MAPA MENTAL

OBJETIVO: Organizar informações.

Técnica bastante livre, em que as informações são conectadas. Sua aplicação é muito abrangente e pode ser usada sempre que for necessário ligar as informações.

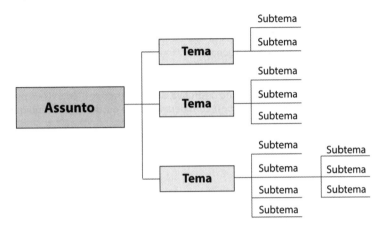

Exemplos de aplicação em projetos são:

- Análise de riscos — o risco é o tópico analisado, as ramificações são as causas e as respostas podem estar ligadas às causas ou ter ramificações próprias, quando atingem mais de uma causa.
- Mapeamento de partes interessadas.
- Mapeamento de papéis e responsabilidades.
- Representação do processo de criação das entregas.

EQUIPE

MODELO ABCDE

Apresentado pelo psicólogo Martin Seligman no livro *Authentic Happiness*, resume-se em neutralizar pensamentos negativos injustificáveis por meio de cinco momentos:

A (Adversity)	evento que ativa a experiência
B (beliefs)	interpretação automática do evento
C (Consequences)	consequência emocional após a interpretação automática do evento
D (Disputation)	desafio de crença auto destrutiva, utilizando fatos e a lógica (sem perda de tempo com afirmações), considerando outra possibilidade de interpretação
E (Energization)	atenção à sensação de ter realizado o processo com sucesso

COMPARTILHAMENTO DAS RESPONSABILIDADES

Não se trata de "delargação" (em que uma responsabilidade é transferida de forma inadequada, sem monitoramento), mas de compartilhar as responsabilidades com a equipe.

Isto faz com que o grupo se sinta parte conceitual do projeto e não apenas um executor, o que pode ser refletido em aumento do nível de comprometimento e na definição de uma atmosfera produtiva.

Um exemplo é o tratamento dos riscos. A experiência e o conhecimento de algumas pessoas fazem com que sejam as únicas capazes de identificar os riscos, analisar suas causas e efeito, avaliar sua relevância e definir a resposta. O mesmo se dá com a aplicação da resposta, lembrando que continua sendo uma responsabilidade do gerente de projetos.

MATRIZ DE PAPÉIS E RESPONSABILIDADES

OBJETIVO: Distribuição de papéis e responsabilidades.

Dependendo do escopo de cada projeto são utilizados um ou mais processos para criar as entregas, dependendo de sua natureza. Como resultado desse(s) processo(s) são definidos determinados papéis com responsabilidades específicas, as quais exigem certas competências para sua execução.

Analisados papéis, responsabilidades, competências necessárias e os integrantes da equipe (conhecimentos, experiências, perfil comportamental), o gerente de projetos pode definir/negociar quem assumirá quais papéis.

No caso de várias pessoas no mesmo papel (ex.: analista, auditor, segurança) é recomendável que seja definido um líder técnico, alguém com bagagem para orientar tecnicamente os demais e servir de ponto focal de comunicação com o gerente de projetos. Pode ser feita como uma matriz com indicação do líder técnico quando há mais de uma pessoa com o mesmo papel (indicado com XX no exemplo abaixo).

PAPEL/ RECURSOS	RECURSO 1	RECURSO 2	...	RECURSO N
Papel 1	XX	X		X
Papel 2		X		
Papel 3				X
Papel 4	X			
Papel N		XX	X	

TABELA DE PAPÉIS E RESPONSABILIDADES

OBJETIVO: Mapeamento e distribuição de papéis e responsabilidades.

Tem similaridades com a Matriz de Papéis e Responsabilidades:

- Parcialmente quanto ao objetivo.
- Alocação de recursos em papéis.

Em função de sua estrutura, é mais abrangente que a matriz:

- Também tem o objetivo de definir os papéis.
- Define as responsabilidades de cada papel.
- Define as competências necessárias à execução das responsabilidades.
- Permite incluir comentários para cada recurso em cada papel.

Enquanto que a matriz é uma visão resumida, esta visão é mais completa. Ambas têm seus benefícios e devem ser utilizadas conforme a granularidade desejada.

PAPEL	Papel 1
RESPONSABILIDADES	Resp 1, Resp 2...Resp N
COMPETÊNCIAS	Comp 1, Comp 2, Comp 3... Comp N
RECURSOS	**OBSERVAÇÕES**
Rec 1	Observações do recurso no papel
Rec 2	Observações do recurso no papel
Rec N	Observações do recurso no papel

MEDIÇÃO

GRÁFICO DE AÇÕES (STOCK)

OBJETIVO: Representação de flutuação.

No gerenciamento de projetos pode ser aplicado de várias formas, inclusive para mapeamento de competências.

O tamanho da barra indica a relevância da competência no projeto, enquanto a barra interna indica o nível de proficiência do gerente de projetos naquela competência.

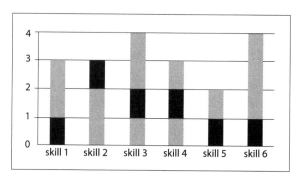

Sua parametrização permite visualizar as exigências em cada projeto e definir a estratégia para lidar com os pontos a desenvolver mais prioritários.

No exemplo acima, as competências mais relevantes ao projeto são a Skill 3 e Skill 6 e em ambas o gerente de projetos tem pouca proficiência, principalmente a última.

VALOR AGREGADO

Técnica utilizada para acompanhamento do progresso do projeto, baseia-se em três informações-chave: o Valor planejado (fundamentado na linha de base), o Valor agregado e o Valor gasto. Com o andamento do projeto são apurados o Valor agregado (o qual representa o valor do que foi efetivamente realizado) e o Valor gasto até o momento.

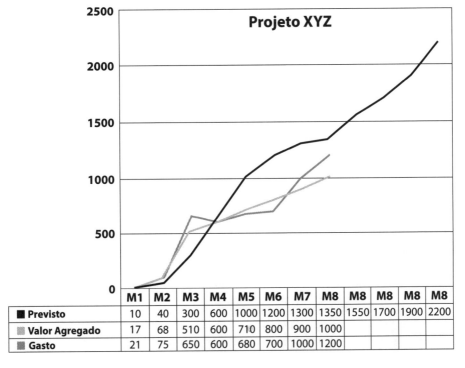

Comparando o Valor agregado (o que foi feito) com o Valor planejado (o que deveria ter sido feito) pode-se encontrar o Índice de Desempenho do Prazo, o qual indica se o projeto está em dia (IDP = 1), atrasado (IDP < 1) ou adiantado (IDP > 1). Quão mais distante de um, maior é o atraso (se menor) ou o adiantamento (se > 1).

Comparando o Valor agregado (o que foi feito) com o Valor gasto (o que foi gasto para o que foi produzido até o momento) pode-se encontrar o Índice de Desempenho do Custo, o qual indica se o projeto gastou equivalentemente ao que produziu (IDC = 1), se gastou mais do que deveria (IDC < 1) ou se está sobrando $ no projeto (IDC > 1). Quão mais distante de um, maior é rombo no orçamento (se menor) ou maior é o valor que está sobrando no caixa do projeto (se > 1).

Essas informações são base para estimar o prazo e o orçamento necessários para completar o projeto.

ANÁLISE DE CAUSAS

DIAGRAMA DE ISHIKAWA

OBJETIVO: Análise de causas.

O diagrama é composto do efeito e suas causas, tendo uma estrutura rígida em formato de "espinha de peixe".

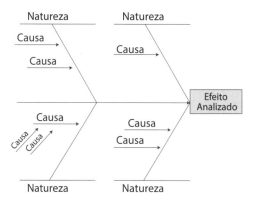

As naturezas são indicadas apenas para organizar as causas segundo a classificação que a equipe considerar conveniente.

As causas podem ter outras causas, e assim por diante. Apesar de a técnica "5 Why" sugerir cinco níveis de causas, isto vai depender do porte do efeito e do nível de conforto da equipe em relação à causa identificada.

DIAGRAMA DE CAUSALIDADE

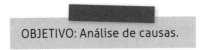

O diagrama é composto do efeito e suas causas, sendo bastante livre quanto à sua composição.

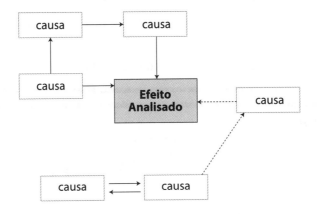

O diagrama possui duas características particulares:

- Representação da influência de uma causa em outra.
- Representação da característica da influência:
  - Linha cheia: mesmo sinal (quanto mais de um, mais do outro, quanto menos de um, menos do outro).
  - Linha tracejada: sinal invertido (quanto mais de um, menos do outro, quanto menos de um, mais do outro).

CRONOGRAMA

CRONOGRAMA DINÂMICO

Resultado da aplicação de técnicas e boas práticas na construção do cronograma:

- Estabelecer as dependências.
- Indicar a relação lógica.
- Incluir atrasos e antecipações.
- Indicação da disponibilidade dos recursos.
- Indicação da variação de disponibilidade dos recursos em determinados períodos.
- Indicação da variação do custo em determinados períodos etc.

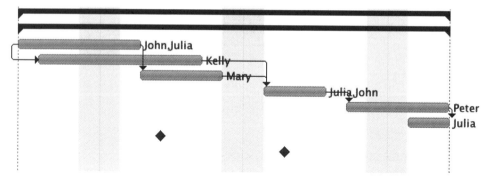

A utilização destes em software gerenciador de cronograma facilita a criação e a manutenção do plano de ação, além de agilizar a avaliação de diferentes alternativas. Pode-se utilizar este potencial para simulação de diferentes tarefas, dependências, alocações etc.

Resource Name	Standard Rate	Overtime Rate	MaxUnits
John	$50.00/h	$70.00/h	0.5
Mary	$50.00/h	$70.00/h	0.5
Peter	$40.00/h	$60.00/h	1
Julia	$70.00/h	$90.00/h	1
Kelly	$60.00/h	$80.00/h	1

FAST TRACKING

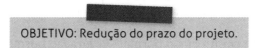
OBJETIVO: Redução do prazo do projeto.

O cronograma do projeto é criado incluindo três tipos de dependência:

- **Obrigatória:** uma tarefa não pode ser executada sem que outra(s) seja(m) concluída(s). Sua origem pode ser legal, contrato, norma, física, metodologia, dependência de recursos etc.
- **Externa:** normalmente considerado externo à organização, como uma entidade reguladora.
- **Arbitrada:** a dependência é estabelecida por limitação de recurso ou outro fator.

A técnica se concentra em eliminar as dependências arbitradas, realizando as tarefas paralelamente. Para tal, é necessário que as limitações que existiam sejam eliminadas. Exemplo: limitação de recursos obrigou uma sequência de atividades, mas novos recursos incluídos no projeto permitiram que fossem realizadas paralelamente.

CRASHING

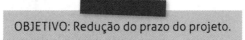
OBJETIVO: Redução do prazo do projeto.

Nas tarefas do cronograma são alocados recursos para sua execução. A técnica se concentra em aumentar a capacidade de sua realização pela inclusão de mais recursos.

Por meio do caminho crítico, identificam-se as atividades em que é necessário aplicar a técnica, considerando que a redução da duração das atividades do caminho crítico pode gerar outro caminho crítico (CC).

210 - Campo Minado em Projetos

Para aumentar o mínimo possível do custo do projeto, pode-se selecionar a ordem das atividades a aplicar a técnica por meio da fórmula que calcula a proporção de custo em relação à redução do prazo:

SLOPE = (Custo *crash* - custo normal) / (duração normal / duração *crash*)

Em outras palavras, dar-se-á prioridade para aquelas atividades do caminho crítico com menor investimento e maior ganho no prazo.

ATIVIDADE DO CC	CUSTO NORMAL	CUSTO CRASH	DURAÇÃO NORMAL	DURAÇÃO CRASH	SLOPE
A1	R$8,000	R$12,000	5	4	4000
A2	R$6,000	R$9,000	4	3	3000
A5	R$4,000	R$6,000	3	2	2000
A7	R$10,000	R$13,000	6	3	1000

Aplicada a fórmula nas atividades do caminho crítico, a ordem de aplicação do *crash* seria A7, A5, A2, A1 (considerando que essas mudanças não alterem o caminho crítico).

ESTIMATIVAS

OBJETIVO: Prever esforço, duração ou orçamento.

Durante a criação do cronograma é necessário indicar o esforço, a quantidade de recursos (e o percentual de alocação), o custo de cada recurso. Em muitas das tarefas a serem realizadas existem incertezas, levando a equipe a calcular o valor desses atributos. As três formas mais comuns de estimativa são:

- **Análoga** — se basear em experiências anteriores ou de outros projetos.

- **Paramétrica** — aplicação de um algoritmo para parametrizar o cálculo da estimativa.

- *Bottom-up* — estimar as tarefas em seu maior nível de detalhe, resultando nas estimativas maiores (etapas, entregas e projeto).

CAMINHO CRÍTICO

OBJETIVO: Identificar a maior rota do projeto.

Baseadas nas dependências das tarefas do cronograma são estabelecidas rotas, sequências de tarefas com diferentes características.

O caminho crítico é a maior rota do projeto, sem folga, que determina o prazo do projeto. Se uma de suas tarefas iniciar ou terminar depois do planejado, o projeto está proporcionalmente atrasado. Conhecer o caminho crítico permite gerenciá-lo de formam eficiente para evitar atrasos.

CORRENTE CRÍTICA

Método criado por Eliyahu M. Goldratt, foi derivado da Teoria das restrições e é aplicado no cronograma do projeto, enfatizando os recursos necessários à execução das atividades/tarefas. Seu objetivo é otimizar o uso dos recursos e das estimativas, resultando na redução do prazo (e consequentemente do custo) do projeto.

De forma bem simplificada, as "margens" das atividades/tarefas (informalmente conhecidas como "gordurinhas" — aquelas horas adicionais incluídas como medida de segurança em função de incertezas) são transferidas para uma atividade/tarefa "pulmão" (*buffer*) e são administradas pelo gerente de projetos.

Os conceitos por trás dos resultados positivos estão relacionados às características do ser humano:

- **Síndrome do estudante** — deixar tudo para a última hora.
- **Lei de Parkinson** — ocupar todo o tempo estimado para uma atividade/tarefa, mesmo que não seja necessário.

Com a corrente crítica, as pessoas se concentram na realização da atividade/tarefa baseando-se na estimativa menor (sem a margem), evitando desperdício e otimizando a execução. Se faltar tempo, o gerente do projeto "libera" a margem (transferida ao *buffer*). Este "gerenciamento das margens" é um dos pontos-chave para o sucesso desta técnica.

RISCOS

RISK BREAKDOWN STRUCTURE (RBS)

É uma estrutura hierárquica que agrupa causas potenciais de riscos, utilizada para dirigir e facilitar o levantamento de riscos do projeto.

Cada tipo de projeto pode ter uma RBS (ex: construção civil, pesquisa, desenvolvimento de sistemas de informação) ou se pode utilizar uma RBS genérica (menos recomendada, pois não se concentra em um foco específico).

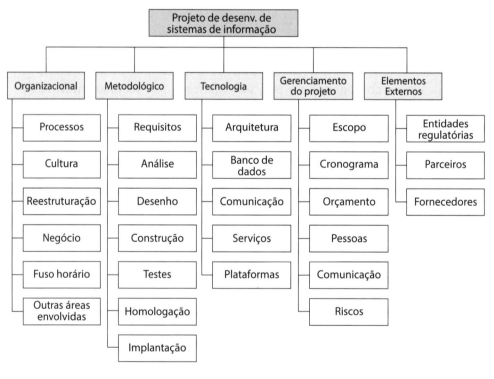

Exemplo de RBS

OBSERVAÇÃO: Várias teorias e modelos podem ser utilizados como insumo para construção da RBS. Um dos exemplos é a "Teoria de formação de grupo" de Homans.

ANÁLISE SWOT

OBJETIVO: Identificar pontos fortes e fraquezas.

Técnica muito utilizada pela área de negócio, também pode ser útil para os projetos, cuja aplicação se concentra no contexto do projeto.

Os **fatores internos** são aqueles do domínio da equipe. Os fatores que ela não tem controle são **fatores externos** (ex.: áreas, parceiros, entidades externas) e devem ser avaliados com os elementos do contexto organizacional.

	Strengths	Weaknesses
Fatores internos	**Pontos Fortes**	**Pontos Fracos**
	Opportunities	Threats
Fatores externos	**Oportunidades**	**Ameaças**
	Aspectos positivos	Aspectos negativos

Os **aspectos positivos** podem contribuir para o sucesso do projeto e devem ser explorados. Grande conhecimento e experiência, habilidades desenvolvidas, alto nível de autonomia, de sinergia na equipe e de comprometimento dos integrantes são exemplos de fatores que devem ser potencializados, pois podem fazer a diferença no desempenho do projeto e até em momentos de crise.

Os **aspectos negativos** são geradores de risco. Seja interno ou externo, é um fator que pode comprometer o resultado e, portanto, é fonte geradora de riscos. Os aspectos externos normalmente são mais "delicados" de tratar, pois estão no contexto de outro gestor, unidade de negócio ou empresa, exigem uma avaliação criteriosa que deve incluir aspectos culturais e políticos, e podem precisar da participação de escalões mais altos nas respostas aos riscos.

ÁRVORE DE DECISÃO

> OBJETIVO: Análise de valor monetário esperado considerando várias alternativas, com minimização de riscos..

É um conceito estatístico para cálculo do resultado médio esperado em cenários futuros incertos. A técnica é aplicada na análise quantitativa de riscos, na qual são avaliadas opções para diferentes alternativas e os respectivos resultados esperados.

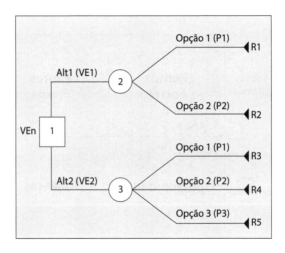

Sua estrutura é montada da esquerda para a direita (ponto de decisão, nós de decisão e opções). Os valores são atribuídos da direita para a esquerda (resultado, probabilidade, valor esperado da alternativa, valor esperado da decisão).

A partir da decisão (1) são mapeadas as alternativas representadas por nós (2, 3) com as respectivas opções. Cada opção tem uma probabilidade de ocorrência (Pn) e um resultado esperado (Rn). Considerando que a somatória das probabilidades de cada alternativa soma um, o cálculo do Valor Esperado (VE) de cada alternativa é realizado a partir da somatória de (Pn*Rn) de suas opções.

O Valor Esperado pode representar valores financeiros ou quantidades (ex.: esforço, duração) e, dependendo do que está sendo avaliado, opta-se pelo maior ou menor valor. Exemplos:

- Seleção do Maior VE: ganho financeiro ($).
- Seleção do Menor VE: redução de prazo (dias).

DIAGRAMA DE BOLHAS

OBJETIVO: Representar graficamente quatro fatores de cada elemento.

Pode ser aplicado para qualquer elemento do projeto, sendo comumente utilizado para representar diferentes características das partes interessadas do projeto. Conforme seu resultado, dá subsídios para estabelecer a estratégia a fim de garantir o envolvimento adequado de cada participante-chave.

Um das aplicações mais comuns é relativa às partes interessadas, incluindo nível de autoridade, poder de influência, nível de comprometimento, e se está favorável, neutro ou contra.

No exemplo abaixo, são apresentadas três alternativas de respostas a um risco com escala de 1 a 5 para quatro fatores. Sobre a 1ª alternativa:

- Esfera mais superior:
  - Custo (posição no eixo Y) é muito alto.
  - Dificuldade de implantação (tamanho) é baixa.
- Esfera mais inferior:
  - Duração para implantação (posição no eixo Y) é baixa.
  - Efetividade esperada (tamanho) é muito alta.

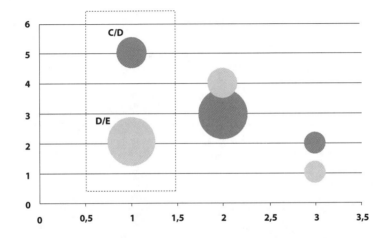

Capítulo 11

Técnicas de Gerenciamento

Existe uma infinidade de técnicas, métodos, teorias e modelos para aplicação ao gerenciamento de equipes, normalmente criadas para uso do gestor funcional em seus liderados. Não existem muitas dessas técnicas que foram originalmente concebidas especificamente para projetos.

Desta forma, fiz uma coleta de algumas das técnicas que considero úteis, de simples aplicação e que podem promover bons resultados em curto espaço de tempo, e sugeri algumas adaptações para o contexto de projetos.

O mapa mental abaixo agrupa estas referências selecionadas conforme seu objetivo primário, para facilitar o estudo, e a comparação das diferentes abordagens para a mesma finalidade.

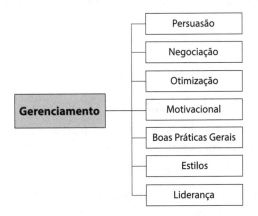

BOAS PRÁTICAS GERAIS

Descrição: teorias, princípios e modelos para definição de aspectos gerais, aqui adaptados para aplicação em projetos.

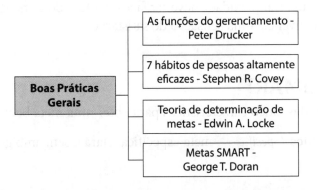

AS FUNÇÕES DO GERENCIAMENTO

Define responsabilidades do gerente (do projeto) para ter uma equipe otimizada:

- Estabelecer os objetivos (do projeto).
- Providenciar os recursos necessários para atingir os objetivos (do projeto), organizando-os de forma adequada.
- Motivar a equipe (do projeto).
- Monitorar o desempenho da equipe (do projeto).
- Melhorar o desempenho (da equipe) por meio de aprimoramentos contínuos.

OS 7 HÁBITOS DE PESSOAS ALTAMENTE EFICAZES

Stephen Covey define hábitos pessoais para adotar e manter uma postura saudável, e hábitos interpessoais para garantir a manutenção de uma atmosfera produtiva com a equipe do projeto:

- **Hábitos pessoais** — ser proativo, começar com o objetivo em mente, primeiro o mais importante, recupera as forças.
- **Hábitos interpessoais** — ações com as quais todos ganham, procure primeiro entender e depois tente ser entendido, use sinergia.

TEORIA DA DETERMINAÇÃO DE METAS

Define que a equipe deve participar na definição de metas claramente determinadas, cuja complexidade deve ser factível. Quando atendidas, espera-se que a equipe vivencie uma sensação de satisfação.

METAS SMART

São sugeridas cinco características para obter uma meta bem definida:

- **Específica** (*Specific*) — meta específica, clara e sem ambiguidades.

- **Mensurável** (*Measurable*) — deve ser passível de medição por meio de um critério objetivo de monitoramento do progresso.
- **Atingível** (*Achievable*) — sua realização deve ser viável no contexto do projeto.
- **Realista** (*Realistic*) — em relação à expectativa de sua realização.
- **Tempo definido** (*Timely*) — definição de um prazo para que seja finalizada.

ESTILOS

Teorias, princípios e modelos que definem o estilo de gerenciamento, aqui **adaptados para aplicação em projetos**.

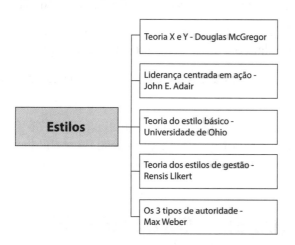

TEORIA X E Y

Define duas premissas do líder em relação à equipe:

- **Teoria X** — considera que as pessoas são motivadas por dinheiro e não têm no trabalho motivo de prazer e não buscam responsabilidades.
- **Teoria Y** — considera que as pessoas têm satisfação no trabalho, buscam responsabilidades, estão abertas às mudanças e são criativas.

LIDERANÇA CENTRADA EM AÇÃO

Sugere equilibrar as necessidades da tarefa, da equipe e dos indivíduos.

TEORIA DO ESTILO BÁSICO

Define que existem quatro estilos de liderança baseados na orientação do gestor em relação à preocupação: com a Tarefa e com as Pessoas. O gerente de projetos deve ficar alerta em relação às suas características, pois precisa avaliar os efeitos inerciais de seu comportamento:

- Se preocupar muito com as pessoas tende a priorizar o relacionamento aos resultados.

- Se preocupar muito com os resultados pode adotar uma abordagem autoritária e criar uma atmosfera negativa na equipe, que tem grandes chances de gerar uma degradação da motivação inicial (se existir).

A prioridade do gerente de projetos é atingir os resultados do projeto. A questão é como lidar com as pessoas que vão ajudar a produzir este resultado.

"Eu ganhei, nós empatamos e eles perderam" decididamente não é a melhor alternativa...

Uma vez percebida sua tendência natural, o gerente de projetos deve fazer uso de outras técnicas dirigidas à identificação do perfil do grupo e desenvolver uma atmosfera eficaz.

TEORIA DOS ESTILOS DE GESTÃO

Propõe quatro estilos conforme o nível de confiança na equipe, o estilo de comunicação e a participação da equipe nas decisões.

OS TRÊS TIPOS DE AUTORIDADE

Define que existem três tipos de autoridade ou poder:

- **Carismática** — dom, habilidade natural.

- **Tradicional** — recebido por herança.

- **Racional legal** — decorre do cargo.

LIDERANÇA

Teorias, princípios e modelos que definem características de liderança, aqui adaptados para aplicação em projetos.

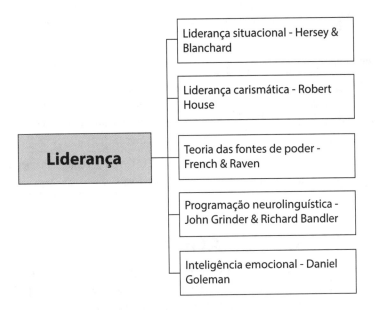

LIDERANÇA SITUACIONAL

O modelo define quatro estágios de desenvolvimento que os liderados passam para se tornarem efetivos. É largamente aplicado pelos gestores funcionais nas equipes que lideram, em estruturas funcionais.

Pode ser utilizado em projetos, desde que consideradas as diferenças de responsabilidades do gerente de projetos e do gestor funcional (vide item 12. *Adotar sempre um mesmo estilo de gerenciamento*) e os aspectos-chave do projeto, principalmente o prazo, visto que o desenvolvimento da equipe exige tempo. Se o desenvolvimento não for aplicável ou possível, a técnica pode ser utilizada como referência para mapear o estágio em que cada integrante se encontra, promovendo distribuição de responsabilidades com mais assertividade.

Cada estágio define um nível de maturidade dos liderados e uma postura gerencial para desenvolvimento ao próximo estágio:

	Liderado	Estilo de Liderança
Formação	Motivado pelo desafio, baixa capacidade técnica	DIREÇÃO: define, orienta, acompanha e auxilia na execução das tarefas
Conflito	Pouco motivado, capacidade técnica reduzida	PERSUASÃO: apoio sócio-emocional, troca de ideias, acompanhamento e motivação
Normalização	Pouco motivado, capacidade técnica alta	APOIO: apoio sócio-emocional, compartilhamento da tomada de decisão e motivação
Desempenho	Motivado, capacidade técnica alta	DELEGAÇÃO: acompanhamento das decisões

LIDERANÇA CARISMÁTICA

Define as características da personalidade que líderes carismáticos possuem. Sua ideologia é baseada em fortes valores morais. Seu comportamento demonstra competência, integridade e confiança nos liderados.

TEORIA DAS FONTES DE PODER

Baseado em estudos sobre comunicação social, o modelo considera que o poder social tem um potencial de influência e suas diferentes formas podem afetar a liderança e o sucesso, definindo seis bases do poder:

- **Recompensa** — positiva (premiação) ou negativa (punição).
- **Coerção** — ameaças ou uso da força (física, emocional, política etc.).
- **Legitimidade** — por posição de autoridade (promovendo sentimento de obrigação ou responsabilidade), reciprocidade, equidade ou dependência.
- *Expert* — especialista com habilidades, conhecimento e/ou experiência destacadas.
- **Referência** — por filiação a um grupo.
- **Informacional** — influência por recursos de informação.

PROGRAMAÇÃO NEUROLINGUÍSTICA

Explora a comunicação baseando-se nos princípios de percepção da realidade, considerando três filtros relevantes: Eliminação das informações irrelevantes; Generalização, um paralelo a algo semelhante; Distorção, baseada em experiência ou conhecimento anterior.

INTELIGÊNCIA EMOCIONAL

Define características que aumentam o nível de desempenho de liderança: Autoconsciência (emoções e impactos), Autogerenciamento (controle dos impulsos e emoções), Consciência social (lidar com a emoção dos outros) e Gerenciamento do relacionamento (influenciar, inspirar e desenvolver os outros).

OTIMIZAÇÃO

Teorias, princípios e modelos que promovem aprimoramento pessoal, da equipe e fatores que aumentam o desempenho, aqui adaptados para aplicação em projetos.

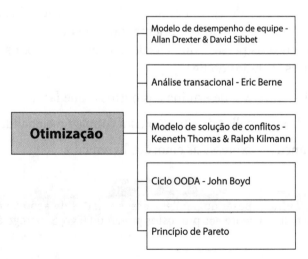

MODELOS DE DESEMPENHO DE EQUIPE

Define sete estágios de criação e sustentação de equipes:

- **Por que estou aqui?** Nos projetos, é o gancho para realizar o alinhamento com os objetivos do projeto, benefícios do projeto concluído e prejuízos do projeto não concluído nas condições definidas.

- **Quem é você?** Desenvolvimento da unidade do grupo e a confiança entre seus participantes.

- **O que estamos fazendo?** Esclarecimento sobre as entregas que devem ser produzidas pelo projeto (EAP).

- **Como vamos fazer?** Visão geral do plano de ação para atingir os objetivos do projeto e comprometimento do grupo.

- **Quem faz o que, quando e onde?** Detalhamento do cronograma com as atividades que devem ser executadas, datas e alocações.

- **WOW!** Equipe atinge níveis de alto desempenho.

- **Por que continuar?** Reforça os objetivos, considera as mudanças no projeto e outros fatores relevantes para garantir o sucesso do projeto.

ANÁLISE TRANSACIONAL DE BERNE

Método psicológico de aprimoramento da comunicação baseado na análise da interação entre indivíduos, orientando mudanças na comunicação do gestor para motivar as pessoas que recebem a comunicação. Está baseado na definição de três "Estados do Ego":

- **Ego pai** — diretivo, determina aos outros o que fazer.

- **Ego adulto** — análise da situação com calma e racionalidade.

- **Ego criança** — expressa as emoções livremente.

> OBSERVAÇÃO: Apesar do paralelo, esses estados de ego não correspondem diretamente aos propostos por Freud (Ego, Superego e Id).

Quando se comunicar é essencial, é preciso conhecer o estado do ego do receptor, baseado no qual o gerente de projetos deve fazer os ajustes necessários.

Cenários possíveis e resultados esperados:

EMISSOR (GERENTE DO PROJETO)	RECEPTOR (LIDERADO)	CENÁRIO ESPERADO
Ego pai	Ego pai	Atrito
Ego pai	Ego criança	Resultado temporário
Ego criança	Ego criança	Diversão e pouco resultado
Ego criança	Ego pai	Gerente do projeto não conquista o respeito
Ego adulto	Ego adulto	Resultado duradouro

MODELO DE SOLUÇÃO DE CONFLITOS

Considerando diferentes níveis de cooperação e de assertividade, define cinco abordagens para tratar os conflitos:

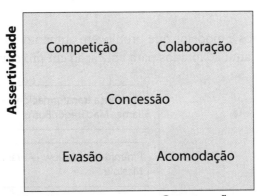

- **Evasão** — evita o conflito sem satisfazer nenhuma das partes.
- **Competição** — um vence.
- **Acomodação** — um beneficia outro.
- **Concessão** — satisfação parcial de todos.
- **Colaboração** — satisfaz a todos.

CICLO OODA

Ferramenta criada para decisão em combates aéreos, pode ter ótimos resultados quando aplicada em projetos. É baseada em quatro estágios: **Observação** (coleta de dados), **Orientação** (análise dos dados), **Decisão** (definição das alternativas, análise de alternativas — energia e recursos necessários, riscos, efetividade esperada, efeitos secundários etc.—, definição da ação) e **Ação**.

PRINCÍPIO PARETO

Define a relação 80/20, conceito de que existem "POUCOS FATORES VITAIS" e que devemos nos concentrar nestes. Sua aplicação aumenta a efetividade da energia e recursos gastos/investidos, e resulta na redução da carga de trabalho do líder e da equipe.

MOTIVACIONAL

Teorias, princípios e modelos que promovem aumento da motivação individual e da equipe, aqui adaptados para aplicação em projetos.

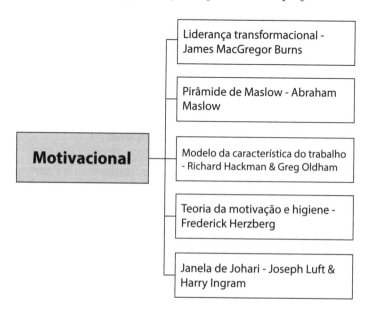

LIDERANÇA TRANSFORMACIONAL

Baseada na "Liderança Transacional", de James M. Burns, define quatro fatores relacionados à conquista do poder:

- **Influência idealizada** — o líder tem carisma, fortes valores éticos e morais e respeita as pessoas.
- **Motivação "inspiracional"** — demonstra confiança na equipe.
- **Estimulação intelectual** — incentiva a comunicação aberta e questionamentos.
- **Consideração idealizada** — capacidade de entender, guiar e facilitar.

PIRÂMIDE DE MASLOW

Classifica as necessidades do ser humano em uma estrutura hierárquica que requer a satisfação de um nível para passar para um nível superior.

As necessidades básicas são Biológicas e de Segurança, elementos que o gerente de projetos normalmente não tem controle nem autonomia. Definir pessoas que estejam nestes níveis como "pilares do projeto" gera normalmente riscos significativos.

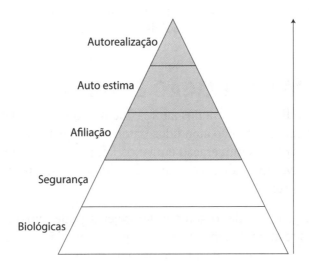

230 - Campo Minado em Projetos

Para o gerente de projetos, as necessidades de crescimento são particularmente interessantes, pois ajudam a identificar pessoas com as quais pode encontrar focos muito eficientes de motivação:

- **Afiliação** — pessoas estão em busca de socialização, dispostas a participar e "fazer parte" de um grupo.

- **Autoestima** — respeito e construção/manutenção da reputação são importantes. Normalmente encaram os desafios como algo positivo e são motivados pelo reconhecimento de seu trabalho.

- **Autorrealização** — busca por satisfação, realizar todo seu potencial.

Pessoas que estão nesses níveis são chave para atribuição de papéis, definição e delegação de responsabilidades, além de multiplicadores de motivação. Tudo vai depender das características pessoais, capacidade de automotivação, conhecimento e habilidades mais desenvolvidos.

MODELOS DA CARACTERÍSTICA DO TRABALHO

Define que as pessoas vivenciam uma satisfação com a conclusão de cada tarefa, princípio que está ligado à natureza humana de ciclos. No caso do projeto, isto se aplica na construção do plano de ação, influenciando o tamanho das tarefas. Em outras palavras, a subdivisão das atividades em tarefas menores.

TEORIA DA MOTIVAÇÃO E HIGIENE

Propõe uma distinção clara nos fatores que não geram satisfação, mas podem gerar insatisfação se não atendidos (fatores de higiene: condições de trabalho, falta de *status*, remuneração etc.) e os fatores que realmente motivam (fatores de motivação: realização, responsabilidade, a natureza do trabalho, reconhecimento etc.).

Mesmo sem autoridade, o gerente de projetos pode explorar fatores das duas naturezas resultando em aumento de motivação, da qualidade da comunicação, dos níveis de lealdade e de comprometimento.

Exemplo: Uma pessoa desmotivada por falta de *status* e de reconhecimento. Identificando sua especialidade, o gerente de projetos pode nomeá-la como "líder técnico" naquele assunto. A leitura do liderado provavelmente será "Finalmente alguém reconhece minha capacidade técnica e de liderança... Estou na posição que deveria estar!".

Interessante que sua nomeação não tem valor algum, é apenas um papel com nome ligado a uma posição de liderança, mas pode ter resultados incríveis. O nível de motivação aumenta e a pessoa toma para si a responsabilidade de fazer as coisas acontecerem, pois agora "o resultado do projeto está diretamente ligado ao resultado desta pessoa".

JANELA DE JOHARI

Define uma estrutura que permite a cada um se conhecer melhor por meio de si e dos outros. Em outras palavras, nem sempre somos o que achamos que somos...Isto significa que a percepção de outras pessoas pode ser divergente da nossa autoimagem.

Amplamente utilizada por gestores funcionais para apoio à prática de *feedback*, esta técnica também pode ser usada pelo gerente de projetos para ter um melhor entendimento sobre si e sobre a equipe, ajustando comunicação, liderança e demais aspectos gerenciais. São definidos quadrantes relativos à classificação sobre o conhecimento do ego:

	Conhecido pelo eu	Não conhecido pelo eu
Conhecido pelos outros	Área Livre	Área Cega
Não conhecido pelos outros	Área Secreta	Área Inconsciente

- **Conhecido pelos outros** — obtido por meio de observação, são as informações de conteúdo de feedback.

- **Desconhecido pelos outros** — características mantidas em caráter privativo. São passíveis de identificação por meio da utilização de técnicas de neurolinguística, levando as respectivas características para o quadrante livre.

- **Desconhecido pelo eu** — características não identificadas, despercebidas ou relacionadas a aspectos psicológicos mais profundos.

Os quadrantes mais desafiadores são aqueles relacionados ao "Não conhecido pelo eu", em que o liderado não reconhece suas próprias características e/ou comportamentos.

PERSUASÃO

Teorias, princípios e modelos que promovem mudança de opinião de uma pessoa ou um grupo em relação a determinado assunto, aqui **adaptados para aplicação em projetos**.

A persuasão é uma estratégia de comunicação para induzir outro(s) a aceitar uma ideia ou realizar (ou interromper) uma ação. Em outras palavras, persuasão é convencer uma pessoa ou grupo em relação a algo. O domínio nesta área permite melhores resultados nas negociações.

Existem métodos baseados na razão e outros que apelam à emoção. Seja qual a técnica ou abordagem, ter desenvolvido a capacidade de persuadir é vital ao gerente de projetos pois, na maioria das vezes, ele não possui nenhuma ou pouquíssima autoridade (impor, forçar os outros a fazer algo) e pode ter sérias dificuldades em relação ao poder (cedido pela equipe).

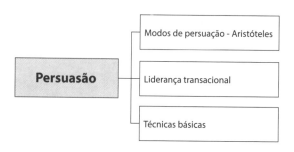

MODELOS DE PERSUASÃO

Na obra *Retórica*, Aristóteles define que uma pessoa ou grupo pode ser levado a mudar de opinião por meio de uma exposição metódica (discurso) que pode explorar três tipos de apelo de persuasão:

- **ETHOS** — baseado na credibilidade que a pessoa apresenta por meio da qualidade da comunicação que realiza, conseguindo que seja reconhecida como uma autoridade, um especialista no assunto em questão.

Exemplo: Ouvir uma palestra sobre cosmologia com Stephen Hawking.

- **PATHOS** — a persuasão acontece em função do apelo à emoção do ouvinte. Histórias e apresentação de circunstâncias que exploram valores, fé ou crença compartilhada pelas pessoas são exemplos de meios de realização.

Exemplo: Abordar questões de injustiça social, abuso e maus tratos.

- **LOGOS** — baseada na qualidade dos argumentos apresentados, é a abordagem voltada à razão, utilizando a lógica, dados estatísticos, fórmulas matemáticas, argumentação, método científico ou prova.

Exemplo: Apresentação do resultado de pesquisa sobre a eficiência de diferentes medicamentos contra o câncer.

LIDERANÇA TRANSACIONAL

Popularizado por James MacGregor Burns, a teoria define duas abordagens para o processo de barganha:

- **Transações coercivas** — baseadas em ameaças.
- **Transações construtivas** — baseadas em negociação.

Sempre optei (e recomendo) abordagens que respeitem as pessoas, o que naturalmente levaria à segunda opção.

Quando o gerente de projetos tem alguma autonomia junto à equipe, muitas situações podem ser resolvidas com resultados surpreendentes. Incentivos de diferentes naturezas podem ser negociados, até chegando a aumentar a motivação do grupo.

> ATENÇÃO: Não se deve confundir uma abordagem construtiva baseada em respeito com uma postura que seja interpretada como vulnerabilidade!

Seria hipocrisia dizer que uma "abordagem forte" não funciona... Alguns adotam a estratégia de comunicar de "forma suave" um conteúdo ameaçador. Outros utilizam ameaça de forma direta, com a desculpa de "ser sincero".

O que percebo é que "se ganha a batalha, mas se perde a guerra", pois a atmosfera do projeto degrada, impactando no nível de motivação e de comprometimento.

Em geral, mudar o estilo em que as pessoas estão acostumadas pode ter resultados opostos:

- Ou pode ser um sucesso absoluto, quando as pessoas reconhecem o respeito com que estão sendo tratados, e retribuem.
- Ou um fracasso total, quando as pessoas apenas se sentem "sem correntes" e diminuem drasticamente seu desempenho.

TÉCNICAS BÁSICAS

Existem muitas fontes de influência para que seja consolidada a persuasão. Dessas fontes foram criadas abordagens de uso comum, combinadas conforme o contexto de cada projeto:

- Entender o que motiva as pessoas.
- Entender as restrições do cenário.
- Entender o que é importante para as pessoas.
- Promover uma atmosfera confortável.
- Ser gentil, sem "puxar o saco".
- Estabelecer coisas em comum.
- Adotar uma postura positiva (o copo está meio cheio).
- Apresentação de benefícios.
- Transformar objeções em pontos favoráveis.
- Adotar uma postura confiante, apresentando conhecimento sem arrogância.
- Utilizar técnica do espelhamento (repetição discreta da postura).
- Conquistar gradualmente (passos iniciais menores).
- Apresentar argumentos consistentes.
- Seja único.
- Faça perguntas cuja resposta seja "sim".
- Transformar o momento em uma grande oportunidade.
- Fazer algo pela pessoa (ela tende a sentir uma necessidade de retribuição, reciprocidade).
- Explorar o momento, utilizar o timing como vantagem.
- Tocar adequadamente a pessoa, diminuindo a "distância".
- Evitar hesitação e interrupções inadequadas (pode diminuir a confiança ou pode permitir que seja criada uma perspectiva negativa).

Capítulo 12

Técnicas de Mapeamento de Competências

MODELO DISC

Criado em 1928 pelo psicólogo William Marston (acrescido de três refinamentos), o Modelo DISC examina as motivações do comportamento baseado nos **traços predominantes de comportamento**. De acordo com o nível de proatividade e o foco (tarefas ou pessoas), cada pessoa possui um traço predominante:

TRAÇO PREDOMINANTE	PRINCIPAIS CARACTERÍSTICAS
Dominante	Objetividade, dinamismo, ambição, competitividade
Interpessoal	Sociabilidade, extroversão, diversão
Sensato	Lealdade, ponderação, paciência, persistência
Cauteloso	Precisão, estruturação, passividade

A técnica (após vários refinamentos desde sua criação) define **14 tipos de personalidade**, identificados a partir da avaliação do nível dos quatro traços predominantes de comportamento:

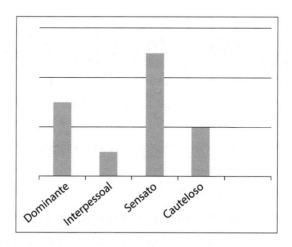

Aliado, Arquiteto, Treinador, Detetive, Diplomata, Empreendedor, Especialista, Inovador, Mobilizador, Oportunista, Pesquisador, Relações públicas e Estrategista.

O tipo de personalidade dá diretrizes para seleção do estilo de gerenciamento mais apropriado.

RAIO X

Reconhecer as características dos integrantes da equipe do projeto é essencial para determinar a estratégia mais adequada para lidar com as pessoas.

Influenciado por várias abordagens, desenvolvi esta técnica cuja ideia é identificar o nível de desenvolvimento de atributos-chave, essenciais para decisões sobre como se relacionar com a equipe e delegar responsabilidades.

Semelhante ao exame físico que gera emissões eletromagnéticas, o mapeamento de competências também pode sofrer **interferência**, **polarização**, **refração** e **reflexão**, impactando a qualidade da avaliação. Para evitar essas distorções, recomendo avaliar atributos bem específicos, utilizando técnicas pertinentes e observação.

Os principais atributos que recomendo conhecer:

ATRIBUTO	DESCRIÇÃO
Comunicação	Capacidade de informar e trocar informações (oral e escrita)
Objetividade	Capacidade de se concentrar no objetivo sem se distrair com fatores periféricos
Extroversão	Nível de desembaraço (nível baixo = timidez)
Humildade	Nível baixo = arrogância
Empreendedorismo	Capacidade de realização
Pró-atividade	Iniciativa (Nível baixo = acomodação, reatividade)
Arrojo	Ousadia, arriscar, quebrar paradigmas (nível baixo = conservador)
Criatividade	Pensar diferente, inovar, originalidade
Versatilidade	Capacidade de se adaptar

ATRIBUTO	DESCRIÇÃO
Resolução de problemas	Análise do panorama geral, sem precipitação
Definição	Mapeamento do contexto do problema
Análise de causas	Identificação dos fatores que geram o problema e o fator-chave
Definição de alternativas	Identificação de alternativas para lidar com o problema
Análise de alternativas	Avaliação da efetividade, dificuldade, riscos, custo e esforço necessário
Tomada de decisão	Rapidez e segurança na seleção de alternativa
Independência	Capacidade de realizar as atividades sem exigir apoio constante
Trabalho em equipe	Capacidade de trabalhar com outras pessoas, aceitar opiniões diferentes, adaptar-se para criar uma dinâmica favorável ao projeto
Negociação	Capacidade de negociar
Liderança *	Capacidade de liderar as pessoas na realização de um objetivo
Organização	Capacidade de organizar atividades, pessoas e recursos
Persuasão	Capacidade de influenciar as pessoas
Motivação	Capacidade de definir uma atmosfera positiva e manter as pessoas engajadas no cumprimento dos objetivos
Calma	Aspecto positivo em situações de stress
Conflitos	Explorar conflitos positivos e eliminar os negativos
Análise de alçada	Saber quando escalar
Conhecimento organizacional	Estrutura, dinâmica, cultura, processos, metodologias e pessoas da empresa
Conhecimento no negócio	Mercado, regras e processos de negócio relativos às entregas a serem produzidas

*vários atributos fazem parte da competência de liderança, conforme a referência ou metodologia.

Níveis de desenvolvimento:

Baixo — nenhum ou pouco desenvolvimento, abaixo da média, insuficiente para aplicação adequada.

Médio — desenvolvimento intermediário, suficiente para aplicação adequada, mas sem destaque, requer algum acompanhamento para minimizar riscos.

Alto — característica bem desenvolvida, acima da média, não gera riscos, dispensa acompanhamento.

IMPORTANTE:

Toda atividade com objetivo de mapear competências deve ser feita com MUITA ELEGÂNCIA, para não causar mal-estar.

O gerente de projetos, que não é gestor funcional dos recursos nem um analista de RH, está em uma posição de liderança temporária, provavelmente não foi treinado para realizar este mapeamento e, principalmente, não tem autoridade formal para isso.

Mas, para alocar as pessoas nos lugares certos e gerenciar os riscos relativos à própria equipe, é necessário conhecer o perfil de cada colaborador. Lembre-se que uma abordagem indevida neste momento pode comprometer a conquista do poder do gerente de projetos.

Quando se tratar de pessoas que não conhece, conversas informais com o colaborador, com outros gerentes de projetos e até com o gestor funcional podem ser alternativas válidas.

O que deve ser evitado é qualquer abordagem intrusiva e arrogante. Exemplo disso é o gerente de projetos realizar uma "entrevista" e iniciar com "muito bem… gostaria de conhecer suas qualificações para alocá-lo no projeto…".

Capítulo 13
Referências

ASPECTOS TÉCNICOS

AMBRIZ, R.; WHITE, J. *Dynamic Scheduling with Microsoft Project 2010: The Book by and for Professionals*. J. Ross Publishing, 2011.

BLOKDIJK, Gerard. *Risk Management 100 Success Secrets*. Emereo Publishing, 2007.

BUCHTIK, Liliana. *Secrets to Mastering the WBS in Real World Projects*. 2. ed., PMI, 2013.

GEORGE, M.L.; ROWLANDS, D.; PRICE, M.; MAXEY, J. *The Lean Six Sigma Pocket Toolbox*. McGraw-Hill, 2004.

HAUGAN, Gregory T. *Effective Work Breakdown Structure*. Management Concepts, 2001.

_____. *Project Planning and Scheduling*. Management Concepts, 2001.

KENDRICK, Tom. *Identifying and Managing Project Risk*. 2. ed., Amacon, 2009.

KERZNER, Harold R. *Project Management: a systems approach to planning, scheduling and controlling*. 11. ed., Wiley, 2013.

MILOSEVIC, Dragan Z. *Project Management Toolbox*. Wiley, 2003.

PMI. *A Guide to the Project Management Body of Knowledge*. 5. ed., 2013.

_____. *Implementing Organizational Project Management: a practice guide*. 2014.

_____. *Managing Change in Organizations: a practice guide*. 2013.

_____. *Organizational Project Management Maturity Model*. 3. ed., 2013.

_____. *Practice Standard for Earned Value Management*. 2004.

_____. *Practice Standard for Project Risk Management*. 2009.

_____. *Practice Standard for Scheduling*. 2007.

_____. *Practice Standard for Work Breakdown Structure*. 2. ed., 2006.

TAGUE, Nancy R. *The Quality Toolbox*. 2. ed., ASQ Quality Press, 2010.

ASPECTOS HUMANOS

ACUFF, Frank L. *Como negociar qualquer coisa com qualquer pessoa em qualquer lugar do mundo.* 2. ed., Senac, 2004.

ALLEN, David. *A arte de fazer acontecer.* Campus/Elsevier, 2005.

BALDONI, John. *101 dicas práticas de liderança.* Sextante, 2014.

BOSSIDY, L.; CHARAN, R. *Execução — a disciplina para atingir resultados.* 10. ed., Campus, 2010.

BRADBERRY, Travis. *O código da personalidade.* Sextante, 2010.

BRINKMAN, R.; KIRSCHNER, R. *Dealing with People You Can't Stand.* McGraw-Hill, 2012.

BUCKINGHAM, M.; CLIFTON, D. *Descubra seus pontos fortes.* Sextante, 2008.

BUCKINGHAM, M.; COFFMAN, C. *Quebre todas as regras.* Sextante, 2011.

CARNEGIE, Dale. *Como fazer amigos e influenciar pessoas.* 51. ed., Companhia Editora Nacional, 2003.

_____. *As 5 habilidades essenciais do relacionamento.* Companhia Editora Nacional, 2012.

CASH, Adam. *Psicologia para leigos.* Alta Books, 2009.

CHANDLER, S.; RICHARDSON, S. *100 maneiras de motivar as pessoas.* Sextante, 2009.

CIALDINI, Robert B. *As armas da persuasão.* Sextante, 2012.

CRADDOCK, Maggie. *A genética do poder.* Elsevier, 2011.

DAVENPORT, Thomas H. *Pense fora do quadrado.* Campus, 2006.

FISHER, R.; URY, W.; PATTON, B. *Como chegar ao sim.* 3. ed., Solomon, 2014.

FURNHAM, A.; PETROVA, E. *O corpo fala nos negócios.* Gente, 2011.

GITOMER, Jeffrey. *O livro verde da persuasão.* M. Books, 2009.

GOLDSTEIN, N.; MARTIN, S.; CIALDINI, R. *Yes, 50 Scientifically Proven Ways to be Persuasive.* Free Press, 2009.

HURSON, Tim. *Pense melhor.* DVS, 2009.

HUTSON, D.; LUCAS, G. *O negociador de um minuto*. Alta Books, 2012.

JOULE, R.; BEAUVOIS, J. *Como manipular pessoas (para uso exclusivo de pessoas do bem)*. Novo Conceito, 2010.

KUSY, M.; HOLLOWAY, E. *Profissionais tóxicos*. Gente, 2010.

LIEBERMAN, David J. *Como mudar qualquer pessoa*. Novo Século, 2008.

LOWNDES, Leil. *How to Talk to Anyone*. McGraw-Hill, 2003.

MARCUM, D.; SMITH, S. *O fator ego*. Sextante, 2009.

MCGRATH, J.; BATES, B. *89 teorias de gestão que todo gestor deve saber*. Saraiva, 2014.

NAVARRO, J.; POYNTER, T. *A inteligência não verbal*. Elsevier, 2010.

NELSON, Bob. *1501 Ways to Reward Employees*. Workman Publishing Company, 2012.

PANTALON, Michael *Influencie!* Lua de Papel, 2011.

PAUL, H.; RECK, R. *Energizado!* Campus, 2008.

PEASE, A.; PEASE, B. *Desvendando os segredos da linguagem corporal*. Sextante, 2005.

POLYA, G. *A arte de resolver problemas*. Interciência, 1978.

RODRIGUES, Aroldo. *Psicologia social para principiantes*. 14. ed., Vozes, 2011.

SOLOMON, Muriel. *Como trabalhar com pessoas difíceis*. Futura, 2002.

WEIL, P.; TOMPAKOW, R. *O corpo fala*. Vozes, 2014.

ZECKHAUSER, B.; SANDOSKI, A. *Como os sábios decidem*. Ediouro, 2009.

ÍNDICE

A

Aceitabilidade, 12
Análise
  SWOT, 23, 213
  transacional, 80
análise de riscos, 49, 201
Árvore de Decisão, 23, 184, 214
atenção, 22, 27, 58, 166, 169
autoavaliação, 4, 74
autoconhecimento, 3, 16, 191
autodesenvolvimento, 3
autoestima, 14, 230
autoridade, 3, 12, 53, 174, 215, 222, 232

C

caminho crítico, 135, 209, 210, 211
capacitação, 8, 48, 50, 52, 76, 78, 101, 106, 148
checklist
  veja também lista de checagem, 11, 14, 160
coaching, 5, 8, 50, 52, 101
colaboradores, 9, 42, 47, 56, 60, 83, 129, 142, 160
competências
  mapeamento de, 10, 46, 48, 74, 204, 237
comprometimento, 28, 70, 135, 202, 215, 226

comunicação
comunicação, 8, 10, 23, 24, 26, 30, 43, 53, 85, 92, 142, 193, 225
conflito, 12, 91, 115, 179, 224, 227
conhecimento
  falta de, 59, 115, 148
  gestão de, 8, 50, 52, 60, 101, 141
  tácito, 5
  técnico, 6, 8, 231
corrente crítica, 147, 211
Covey, Stephen, 220
Crashing, 209
criatividade, 90, 240
cronograma, 17, 34, 48, 58, 68, 116, 135, 178
cultura organizacional, 15, 18, 50

D

Diagrama
  de Bolhas, 23, 41, 215
  de Casualidade, 166, 192, 207
  de Ishikawa, 166, 192, 206
disponibilidade, 16, 19, 84, 133, 135, 185

E

EAP (Estrutura Analítica do Projeto), 17, 112

250 - Campo Minado em Projetos

efetividade, 78, 95, 154, 162, 200, 215, 228

ego, 6, 10, 60, 177, 191, 226, 231

e-learning, 5, 8, 48, 52, 148

escalabilidade, 27

especialização, 67, 79

Estimativas, 127, 129, 130, 137

estratégia, 10, 157, 205, 215, 232

estresse, 16, 92, 153

experiência
    falta de, 15, 50, 159, 175

F

feedback, 4, 39, 56, 231, 232

funcionários, 35, 44, 56, 58, 102, 189

G

gerenciamento de riscos, 151, 153, 154, 158, 163, 170, 181

gestor funcional, 6, 9, 13, 19, 23, 42, 174, 177, 219, 223, 242

Goldratt, Eliyahu M., 211

Gráficos de Ações (Stock), 204

H

habilidades, 3, 4, 20, 213, 224, 230

humildade, 60, 138, 191, 192, 240

I

indisponibilidade, 4, 23, 44, 50, 67, 142, 165

inércia, 18, 25, 100, 115, 140, 153, 173, 181

inovações, 15, 18, 90

insucesso, 53, 59, 67, 75, 175

inteligência emocional, 80, 86, 94, 225

L

lei de Parkinson, 92, 194, 211

liderança, 3, 13, 93, 94, 154, 160, 192, 222, 223, 224, 229, 231, 234

Lista de Checagem
    veja também checklist, 200

M

mapa mental, 8, 20, 79, 166, 192, 200, 219

mentoring, 5, 7, 8, 48, 50, 52, 78, 101, 149

Metas SMART, 54, 70, 75, 79, 220

metodologia, 4, 34, 35, 51, 103, 209

milestones, 29, 54, 69, 146

Modelo ABCDE, 94, 172, 201

mudança cultural, 75, 153, 190, 195

P

Perfil
  comportamental, 39, 79, 156
personalidade, 224, 239, 240
pessimismo, 93, 156, 168, 176
pirâmide de maslow, 229
planejamento, 3, 17, 61, 99, 112, 126, 129, 135
plano de ação, 29, 46, 49, 104, 107, 125, 129, 181, 192
PMBOK, 4, 5, 33, 104, 105, 120, 121
PMI, 7
PMO, 104, 144, 163, 167, 177
poder, 138, 172, 173, 174, 215, 222, 224
proatividade, 22, 51, 57, 73, 74, 109, 239
produtividade, 65, 86, 89, 128
profissionalismo, 7
programação neurolinguística, 225
projetos
  comitê de, 21, 23
  gerente de, 22, 23, 33, 37, 46, 73, 153, 179, 196

Q

qualificação, 6

R

RBS (Risck breakdown Structure), 160, 169, 212
recursos, 17, 39, 49, 67, 174, 203

S

senioridade, 6, 40, 47, 140
subcontratação, 23, 45, 50, 56, 156, 161

T

Teoria do estudante, 92, 194
timidez, 8, 39, 73, 141, 156, 240
treinamento
  externo, 48
  interno, 109

V

valor agregado, 35, 55, 62, 189, 190, 194, 205
valores, 30, 40, 224, 229, 233

CONHEÇA OUTROS LIVROS DE NEGÓCIOS!

Negócios - Nacionais - Comunicação - Guias de Viagem - Interesse Geral - Informática - Idiomas

Todas as imagens são meramente ilustrativas.

SEJA AUTOR DA ALTA BOOKS!

Envie a sua proposta para: autoria@altabooks.com.br

Visite também nosso site e nossas redes sociais para conhecer lançamentos e futuras publicações!
www.altabooks.com.br

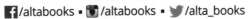
/altabooks ▪ /altabooks ▪ /alta_books

ALTA BOOKS
EDITORA

Impressão e acabamento:

Grupo Smart Printer
Soluções em impressão